현장교사를 위한

# 효과적인 피드백 방법

미래역량교육을 실현하는 현장형 피드백 지침서

Susan M. Brookhart 저

손원숙 · 노현종 · 유신복 · 신이나 · 박상현 공역

HOW TO GIVE
Effective Feedback
TO YOUR STUDENTS (2nd ed.)

학지사

**How to Give Effective Feedback to Your Students, 2nd Edition**
by Susan M. Brookhart

# 역자 서문

이 책의 주요 목적은 교육현장에 있는 교사들의 피드백에 대한 이해와 전문성을 높이는 것이다. 이 책은 교사를 위한 일종의 '피드백 지침서'의 성격을 지니고 있으며, 관련 연구 및 다양한 현장 사례를 포함시킴으로써 피드백의 이론과 실제를 균형 있게 다루고 있다. 따라서 현장 교사뿐 아니라 교육 연구자에게도 도움을 줄 수 있을 것이며, 특히 피드백을 포함한 평가의 형성적 기능에 대한 연구를 수행하고자 하는 연구자들에게는 이 책이 좋은 입문서가 될 것으로 생각된다.

교수 · 학습 과정에서 피드백의 역할은 오래전부터 강조되어 왔지만, 피드백은 주로 교사의 수업 영역으로 구분되는 경향이 많았고, 상대적으로 교육평가 분야에서는 적은 관심을 받아왔다. 그러나 최근 국내외적으로 평가의 형성적 기능에 대한 관심이 증가되면서 교육평가 분야에서 피드백의 역할이 재조명되고 있다고 볼 수 있다. 특히 우리나라의 경우, 2015 개정 교육과정과 함께 도입된 과정 중심 평가는 '교육과정–교수 · 학습–평가' 간의 연계를 통해 학생의 성장을 지속적으로 지원하는 평가 본연의 기능을 강조하고 있다. 즉, 학생의 학습을 돕고 학생의 자기성찰과 성장을 지원할 수 있도록 다면적인 학습 증거를 바탕으로 적절한 피드백 제공을 제안하고 있는 것이다. 이러한 맥락에서 최근 현장 교사에게는 피드백 전문성이 요구되고 있으며, 보다 효과적인 피드백 제공 방안에 대한 관심도 증가하고 있다.

피드백은 학습 과정이나 결과 등 학습과 관련하여 학습자에게 제공되는 모든 다양한 형태의 정보를 의미한다. 일반적으로 피드백은 학생의 학습이나 성취에 긍정적인 영향을 미치는 것으로 알려져 있지만, 피드백이나 학습자 특성, 제공 맥락 등에 따라 그 효과가 차별적이라는 점은 이론적 · 경험적으로 확인되고 있다. 따라서 교수 · 학습 과정에서 피드백의 효과를 제고하기 위해 교사는 피드백의 개념과 기능을 내면화할 뿐만 아니라 효과적인 피드백 제공 전략을 습득할 필요가 있다. 이 책에서는 바로 피드백의 개념과 기능에 대한 소개와 더불어 피드백 제공 및 활용 방안에 대한 구체적인 내용을 안내하였다.

현재 국내에는 형성평가나 과정 중심 평가와 관련된 훌륭한 저서가 많이 출간되어 있고, 이들 저서에서도 피드백에 대한 내용을 포함하고 있다. 그럼에도 불구하고 이 책이 지닌 장점은 피드백을 다음과 같이 다양한 관점에 의거하여 종합적으로 분석함으로써 보다 효율적인 피드백 제공 방안을 제시하고 있다는 점이다.

첫째, 교사가 피드백의 내용 및 제공전략과 같은 피드백의 미시적인 특성을 잘 이해하여야 함을 강조한다. 이는 미시적 관점에 기반한 내용으로 피드백 분석 가이드를 통해 교사 스스로 자신의 피드백을 점검해 볼 것을 제안하고 있다.

둘째, 피드백은 일반적으로 교사로부터 학생에게 제공되는 것으로 여겨지나, 반대로 학생에서 교사에게 전달될 때 보다 강력해진다는 점이다. 따라서 피드백을 통하여 학생뿐 아니라 교사가 어떠한 내용을 학습하게 되었는지를 면밀하게 검토할 필요가 있음을 강조한다.

셋째, 학생의 현재 및 과거 수행에 대한 피드백은 물론이고 향후 학습을 대비할 수 있게 하는 피드포워드(feedforward)의 중요성을 강조하고 있다. 이는 흔히 '미래형 피드백'으로도 불리며, 학생들이 다음 학습을 위해 무엇을 더 노력하고 공부해야 하는지에 대한 제안을 의미한다. 피드백과 관련된 초기연구자들인 Sadler(1989)나 Timperly와 Hattie(2007) 역시 피드백은 학생의 현재 학습 상태와 향후 도달해야 하는 목표 사이의 격차를 줄일 수 있을 때 가장 강력한 힘을 발휘함을 주장하였다.

마지막으로, 이 책의 저자인 Brookhart 박사는 피드백이 그것의 궁극적인 목적인 학습 향상으로 이어지기 위해서는 학생 스스로 피드백을 이해하고 활용할 수 있어야 함을 강조하였다. 또한 학생이 이러한 능력을 당연히 갖고 있는 것이 아니기 때문에 교사는 교수·학습 설계 시 반드시 피드백 활용 시간을 포함시킬 것을 제안하고 있다.

앞서도 언급하였듯이, 이 책은 교육 현장에서 피드백을 제공하고 활용해야 하는 교사에게는 실제적인 지침과 더불어 구체적인 사례를 제공한다는 면에서 유용할 것이다. 또한 비교적 읽기 쉽고 적절한 분량으로 구성되어 있기 때문에 학부 및 대학원 과정에서 피드백에 대한 이해를 위한 교재로서도 적절하다고 판단된다. 한편, 이 책에 포함된 피드백 관련 선행연구나 현장 사례가 사실 모두 국외의 자료에 기반하고 있다는 면이 제한적이기는 하지만, 역자들은 가급적 우리나라 교육 현장에 적합한 용어로 번안하고자 노력하였다.

이 책의 번역을 위해 총 5명의 교육평가 전공 연구자들(손원숙, 노현종, 유신복, 신이나, 박상현)이 참여하였다. 이들은 모두 교육 현장에서 피드백 실제에 대한 경험이 있으며, 더불어서 피드백을 포함한 교실평가와 관련된 다양한 연구를 수행하였다는 공통점이 있다. 역자들은 이 책의 사용 과정에서 발견된 문제점이나 개선 사항을 지속적으로 수용하고 수정 및 보완함으로써 보다 좋은 책이 될 수 있도록 노력할 예정이다.

끝으로, 이 책의 원고를 다듬어 주시느라 편집의 노고를 아끼지 않으신 학지사 김진환 사장님 이하 편집진 모두에게 감사드린다.

2020년 7월

역자 일동

### 참고문헌

Hattie, J., & Timperley, H. (2007). The power of feedback. *Review of Educational Research, 77*(1), 81-112.

Sadler, D. R. (1989). Formative assessment and the design of instructional systems. *Instructional Science, 18*(2), 119-144.

# 차례

1장

# 피드백: 개관

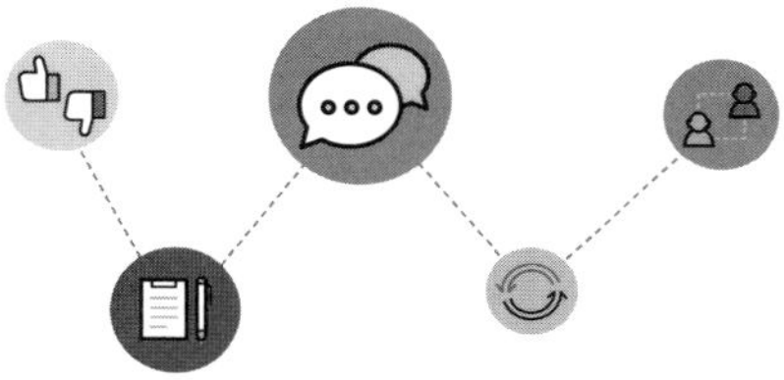

학생은 피드백을 받으면 '누군가가 나의 학습에 대해서 많은 신경을 써 주고 있다.'라는 생각을 갖게 된다. 대부분의 교사는 여기에서 '누군가'가 되기를 원할 것이다. 피드백은 특정한 수행에 대한 구체적인 설명이나 제안을 의미한다. 이러한 피드백은 적절한 시간 안에 제공되어야 하며, 나만을 위한 정보여야 한다. 또한 가장 도움이 될 수 있는 시간과 장소에서 제공되어야 한다.

이 책의 주요 목적은 교사들에게 효과적인 피드백 제공 방법에 대한 내용을 안내하기 위한 것이다. 따라서 교사가 학생에게 제공하는 피드백에만 초점을 둘 것이며, 특히 학교에서 이루어지는 학습에 대한 피드백으로 한정하고자 한다.

## 1. 형성평가의 구성요소: 피드백

피드백은 형성평가 과정의 중요한 구성요소이다. 형성적 평가는 학습목표와 비교하여 학생들이 얼마나 잘하고 있는지에 대한 정보를 교사뿐 아니라 학생에게도 제공한다. 학생의 시각에서 형성평가 '대본'은 다음과 같다.

**내가 어떤 지식과 기술을 더 공부해야 하는가?**
**목표와 비교하여 현재 나는 어디에 있는가?**
**다음에 내가 해야 할 일은 무엇인가?**

'좋은 피드백 제공하기'는 교사가 숙달해야 하는 기술 중 하나이며, 이는 좋은 형성평가의 일부이다. 피드백 제공 이외에 추가적인 형성평가 기술로는 ① 명료한 학습 목표 설정, ② 학생들과 학습목표에 대하여 의사소통할 수 있는 명료한 수업과 과제 개발, ③ 피드백 제공 이후 학생들이 스스로 새로운 학습목표를 설정하고 구체적인 실행계획을 세우는 방법을 알려주는 것 등이다.

형성적 피드백은 학생들의 인지와 동기에 모두 영향을 미치기 때문에 그 효과는 매우 강력하다고 할 수 있다. 좋은 피드백은 학생들에게 필요한 정보를 제공하는 것이고, 이를 통해 학생들이 자신의 학습에 대한 현 위치뿐 아니라 다음에 어떤 것을 해야 하는지를 이해하도록 할 것이다. 이는 바로 피드백이 학생들의 인지에 미치는 효과라고 할 수 있다. 또한 피드백을 통해서 학생들은 '무엇을' 그리고 '왜' 해야 하는지를 이해하였다고 느끼게 되며, 그럼으로써 자신의 학습에 대한 통제감을 발달시키게 된다. 이는 바로 학생들의 동기에 미치는 피드백의 효과에 해당한다.

좋은 피드백은 학생들이 활용할 수 있는 정보를 포함해야 하는데, 이는 곧 학생들이 피드백을 들을 수 있어야 하고, 그것을 이해할 수 있어야만 함을 의미한다. 학생들은 자신의 이해범위를 넘어서는 내용이나 혹은 듣지 않거나, 들을 필요가 없다고 느끼는 경우에는 그 어떤 것도 들을 수 없다. 이 과정에서 학생들의 통제감이나 자기효능감 등이 관여되기 때문에 비록 의도가 좋은 피드백이라 하더라도 매우 파괴적이 될 수 있다(예: 그것 봐! 그럴 줄 알았어! 난 내가 멍청하다는 걸 안다니까!). 피드백과 관련된 선행연구들을 고찰해 보면 피드백의 효과는 '지킬 박사와 하이드' 같은 긍정 또는 부정적인 효과가 공존하고 있다. 이는 피드백의 특성과 피드백이 제공되는 맥락에 따라서 피드백의 효과가 달라질 수 있음을 시사한다.

## 2. 형성적 학습 주기의 구성요소: 피드백

이 책은 지난 1판과 비교해 볼 때 많은 점에서 보완이 되었다. 가장 달라진 점은 형성적 학습 주기(cycle) 안에서 피드백의 역할에 대한 강조이다. 저자는 1판을 출간한 이후, 자기조절학습 및 형성적 학습 과정 안에서 피드백의 역할에 대해 깊이 인식하게 되었다(Andrade & Brookhart, 2016; Moss & Brookhart, 2015). 이러한 내용은 이 책의 나머지 부분에서 다루게 될 것이다. 단, 여기에서 강조하고 싶은 것은 피드백은 학습과정의 일부라는 것이다. 피드백이 아무리 훌륭한 내용으로 구성되었더라도 교사와 학생이 피드백 과정에서 배우지 못하거나, 또는 학생들이 피드백을 사용할 기회를 얻지 못하거나 피드백을 활용하지 않는다면, 피드백은 학습을 향상시킬 수 없을 것이다.

간단히 말하면 형성적 학습 주기 안에서 학생들은 다음의 세 가지 질문(Hattie & Timperley, 2007; Sadler, 1989)을 경험하게 된다.

**내가 도달해야 하는 목표는 무엇인가?**

**현재 내가 머물고 있는 수준은 어디인가?**

**나의 현재 수준과 목표 간의 차이를 줄이는 방법은 무엇인가?**

즉, 학생이 자신이 배워야 하는 것이 무엇인지를 알고, 자신의 현 상태와 목표를 비교하기 위하여 학습 기준을 활용하며, 학습을 향상시키기 위한 행동을 취할 때 가장 효율적인 학습이 일어난다고 볼 수 있다(Moss & Brookhart, 2012). 피드백은 바로 이러한 과정의 일부이다. 따라서 '형성적 피드백'이란 수업 종료 시점에서 최종 산출물에 대해 제공되는 피드백과는 구분된다. 이 경우에는 진행 중인 학습과정이 더 이상 없기 때문

**〈표 1-1〉 학습 향상을 위한 피드백(Feed Forward): 피드백과 형성적 학습 주기**

** 점선(---)은 피드백을 나타냄. 피드백은 해당 차시의 형성적 학습 주기뿐 아니라 다음 차시의 학습 향상에 도움을 줄 수 있음

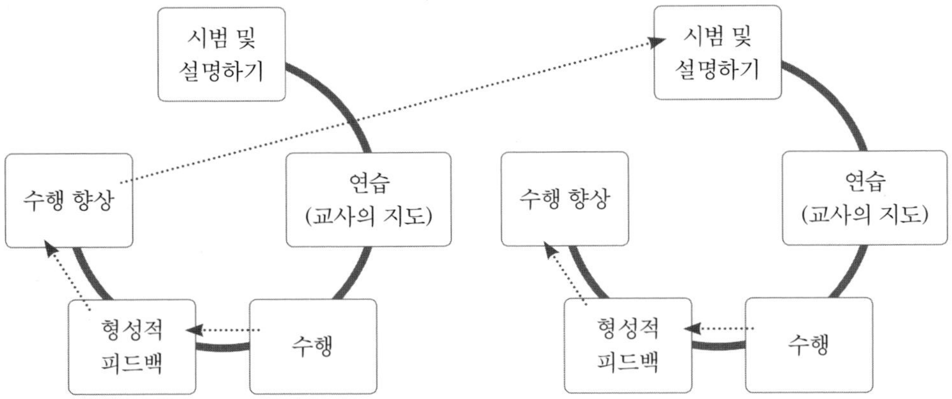


출처: *Learning Targets: Helping Students Aim for Understanding in Today's Lesson* (p.22), by C. M. Moss and S. M. Brookhart, 2012, Alexandria, VA: ASCD에서 인용함.

에 학습과제를 집으로 가져가거나 아니면 다른 곳에 던져 버리게 될 것이다. 또한 이와 유사한 과제를 나중에 다시 수행하더라도 이때 받은 피드백을 더 이상 기억하지 못할 가능성이 크다. 이와는 달리 피드백이 형성적이 되기 위해서는 학생들에게 피드백을 제공(혹은 자기 또는 동료평가의 기회)하고 나서, 동일한 학습 주기 안에서 추가적인 수행 기회를 제공해야 한다. 또한 추가적으로 이루어진 수행에 대한 피드백은 학생들이 다음에 배워야 할 학습목표에 도달(feed forward)하게 도움을 줄 수 있어야 한다(〈표 1-1〉 참고).

## 3. 피드백 분석: 세 가지 관점

이 책은 효율적인 피드백 제공 방법을 설명하기 위하여 ('세 가지 렌즈'를 은유적으로 사용하여) 피드백 분석의 세 가지 관점을 소개하고자 한다. 즉, 현미경과 카메라, 망원

### 〈표 1-2〉 피드백 분석 가이드

| 미시적 관점 | 스냅샷 관점 |
|---|---|
| **피드백을 평가해 보세요.**<br><br>피드백은......<br><br>• 평가적(판단적)이지 않고, 서술적인가?<br>• 적절한 시간 내에 주어졌는가?<br>• 적당한 양의 정보가 포함되었는가?<br>• 학습기준과 비교하였는가?<br>• 과제(수행)에 초점을 두었는가?<br>• 과정에 초점을 두었는가?<br>• 긍정적이었나?<br>• 학생들에게 명확하였나?<br>• 구체적이었는가? (너무 지나치지 않게)<br>• 학생이 능동적인 학습자라는 것을 암시하였나? | **피드백은 어떠한 학습 근거를 제공하였나요?**<br><br>학생은 피드백으로 무엇을 배웠나요?<br><br>교사는 피드백으로 무엇을 배웠나요? |

**장기적 관점**

**교사와 학생은 학습 향상을 위해 이 피드백을 활용하려면 무엇을 해야 할까요?**
**이를 위해 할 수 있는 방법은 무엇인가요?**
**학생들의 학습은 향상되었나요?**

경 렌즈이다. 저자의 경험에 비추어 볼 때 이렇게 세 개의 관점을 통해 피드백을 분석해 보는 것은 상당히 유용하였다. 먼저 **미시적 관점**을 소개하면, 이는 피드백 내용 그 자체를 마치 현미경으로 보는 것처럼 세밀하게 살펴보는 것이다. 즉, 피드백이 어떤 말로 혹은 글로 표현되었는지, 또는 그 피드백이 어떻게 전달되었는지 등을 분석하는 것이다. 둘째, **스냅샷 관점**으로, 마치 카메라가 학습에 대한 사진을 찍는 것처럼 피드백을 하나의 학습 일화(episode)로 살펴보는 것이다. 이때 우리는 교사와 학생에게 각각 질문을 하게 되는데, '교사와 학생은 그 피드백 일화로부터 무엇을 학습하였는가?'에 대한 것이다. 마지막으로, **장기적 관점**은 마치 멀리 있는 것을 망원경을 통해 보는 것처럼 피드백 결과를 살펴보는 것이다. '학생들은 피드백을 활용할 기회를 얻었는가?' '실제로 학생들은 피드백을 활용하였나?' 그리고 '학습이 향상되었는가?'와 같은 질문을 하게 된다.

〈표 1-2〉에 제시된 '피드백 분석 가이드'는 교사들이 세 가지 관점에 의거하여 피드백을 분석할 수 있게 도와준다. 이러한 분석을 통해, 피드백의 질은 피드백 내용 그 자체뿐만 아니라 이 세 가지 관점을 통해서 얻어진 내용을 통합하여 결정된다는 점을 알 수 있다.

## 4. 피드백과 성적 부여

이 책은 형성적 피드백에 초점을 두고 있기는 하지만 전통적인 총합평가에서도 피드백이 성적과 함께 동반되었다는 점은 인지할 필요가 있다. 이 절에서는 피드백과 성적 부여와 관련된 논쟁들을 고찰할 것이며, 이를 통해 본 교재가 형성적 피드백에 초점을 두고 있음을 강조할 것이다.

50여 년 전에 수행된 여러 연구는 성취도에 미치는 성적 부여 방식의 효과를 검증하였다. 대표적인 연구를 수행한 Page(1958)는 다음과 같은 세 가지 유형의 성적 부여 방식의 효과를 비교하였다. ① 문자 등급(A, B, C 등)만이 제공된 집단으로 교사의 어떠한 의견도 부여되지 않은 집단, ② 문자 등급과 등급에 대한 설명이 제공된 집단(예: 'A: 탁월합니다, B: 우수합니다, C: 조금 더 노력이 필요하네요' 등)으로 집단 ①에 비해서 교사의 의견이 주어지기는 하나 이는 개별화된 피드백이 아니고 동일 등급을 받은 학생들에게는 동일한 의견이 제공되는 집단, ③ 개인마다 다른 상세의견(개별화된 피드백)이 제공되는 집단.

Page의 연구 결과, 전체적으로 세 집단의 평균을 비교해 보면 개별화된 상세 의견을 제공받은 집단 ③의 성취도가 가장 높게 나타났다(단, 통계적으로는 집단 ②와 ③의 차이는 유의하지 않았음). 또한 어떤 방식으로든 교사의 의견이 제시된 집단 ②와 ③이 어떠한 의견도 제시되지 않은 집단 ①보다는 높은 성취도를 보였다. 이러한 Page의 연구결과는 다른 학자들의 후속 연구를 통해 지지되기도 하였으나, 일부 연구에서는 지지되지 않았다(Stewart & White, 1976). 그에 대한 이유로 후속 연구들은 앞선 초기 연구들이 사용한 교사의 의견이 서술적이기보다는 평가적 혹은 판단적이었다는 문제점을 지적하였다. 예컨대, Page 역시 집단 ②에게 제공하는 의견에서 '유망함'이라는 단어를 사용하였다(1958, p. 180). 즉, 이러한 평가적인 의견은 항상 유용하지 않을 수 있음이 후속 연구를 토대로 지적되었다.

이와 같은 교사의 의견(comment)에 대한 연구는 동기 연구가 피드백의 기능적 중요성을 강조하면서부터 그 성격이 변화하기 시작하였다. 즉, 학생들이 그 의견을 '정보로서 인식하는가? 아니면 평가적인 판단으로 인식하는가?'에 따라 차이를 갖는다는 점이다. Butler와 Nisan(1986)은 성취도와 동기에 미치는 피드백의 효과를 검증하였다. 이를 위해서 성적(평가적), 상세의견(설명적), 어떠한 피드백도 제공하지 않음 등 세 개의 피드백 유형을 구분하고, 또한 두 가지의 과제(수리 vs 발산적 사고 과제)를 사용하였다. 연구 결과, 상세의견(설명적) 피드백을 받은 학생들은 두 종류의 과제 모두에서 성취도가 향상되었을 뿐 아니라 동기도 향상된 것으로 나타났다. 반면, 성적(평가적)을 제공받은 학생들은 수리과제에서는 좋은 성취도를 보였으나, 발산적 사고 과제에서는 그렇지 못하였고, 동기도 낮은 것으로 나타났다. 한편 어떠한 피드백도 제공받지 못한 학생들은 두 과제 모두에서 좋지 않은 성취도를 보였고, 동기 역시 낮은 것으로 나타났다.

Butler와 Nisan의 실험연구는 피드백의 특성에 대한 몇 가지 시사점을 제공한다. 첫째, 교사의 상세의견(comment)이 성공적이기 위해서는 이러한 의견은 과제(task) 자체에 대한 것이어야 한다는 점이다. 둘째, 교사의 상세의견은 평가적이기보다는 설명적이어야 한다. 셋째, 형성적 피드백은 이중적인 효과를 갖는다고 언급했던 것처럼, 교사의 상세의견은 성취도뿐 아니라 동기에도 영향을 준다. 넷째, 교사의 상세의견은 학생들로 하여금 학습 자체에 대한 흥미를 갖도록 해 준다. 이러한 흥미는 성공적이고 자기주도적인 학습자들에게 나타나는 특징 중 하나이다.

한편, 많은 현장 교사는 학생들에게 (평가적인 성격을 지닌) 성적과 함께 설명적 피드백(상세의견)을 주면 대부분의 학생들은 교사의 의견보다는 성적에만 주의를 기울이는 경향이 있다고 주장한다. 사실 Butler와 Nisan의 연구 결과도 이러한 주장을 지지하고 있다. 판단적이고 평가적인 속성을 지닌 성적과는 별도로 설명적 피드백(상세의견)만을 학생들에게 제공해 줄 때 학생들은 교사의 의견을 '기술적'으로(정보로서) 받아들이는 최고의 기회를 갖게 될 것이다.

## 5. 책 미리보기

이 책의 내용은 앞서 설명한 세 가지 관점에 따라서 구성되었다. 각 관점별로 관련 연구를 소개하고 연구의 시사점이 피드백의 실제에 어떻게 적용될 수 있는지를 설명하였다.

먼저 2, 3, 4장은 피드백 메시지 자체에 대한 내용으로, 이는 미시적 관점에 해당한다. 〈표 1-2〉의 좌측 상단에 제시된 '미시적 관점'에서는 피드백 관련 선행연구로부터 얻어진 결론을 토대로 실제적인 체크리스트 문항을 제시하였다.

다음으로 5장은 피드백을 학습의 일화로 분석하는 '스냅샷 관점'에 대한 것이고, 이 장에서는 최신의 형성평가 관련 연구들이 인용되었다. 이러한 연구로부터 최근 부각되고 있는 결론은 (아직은 여전히 초보단계이긴 하나) 다음과 같다. 학생이 '얼마나 많은 문향을 맞혔는지?'보다는 '무엇을 생각하고 있는지?'에 주의를 기울일 때 그 교사의 형성평가는 좀 더 효과적이 된다는 점이다. 따라서 5장에서는 학생이 무엇을 생각하고 있는지를 알아내기 위해서 학생의 학습활동을 어떻게 살펴보아야 하는지에 대한 방법을 설명하고 있다. 또한 학생들이 현재 어느 수준에 있고, 앞으로 무엇을 해야 하는지에 대한 피드백을 제공할 때 이러한 내용을 어떻게 연계시킬 수 있는지를 설명하고 있다. 한편 〈표 1-2〉의 우측 상단에서는 피드백 일화를 분석해서 교사와 학생이 무엇을 학습했는지를 기술할 수 있도록 하였다. 교사들은 학생들이 학습목표에 대해 어떻게 생각하고 있는지를 알아야 할 필요가 있다. 물론 학생들도 자신이 현재 어떤 학습 상태나 수준에 있는지, 그리고 향후 무엇을 더 공부해야 하는지에 대해서 알아야만 한다.

한편 6장은 '장기적 관점'에서 학생들의 피드백 활용에 대한 내용을 포함하며, 자기조절학습, 자기평가 및 동료평가에 대한 선행연구를 소개하였다. 이러한 연구가 교수설계에 주는 실제적인 시사점은 학생들이 피드백을 분석하고 활용할 수 있도록 (개인별 혹은 동료와 함께) 다양한 수업활동을 마련해야 하고, 이는 피드백이 궁극적으로 학습향상을 도모했다는 증거를 제공한다는 점이다. 교사는 학생들에게 사려 깊은 피드백의 활용이 더 나은 학습 결과를 얻게 한다는 것을 확인시켜 줄 수 있는 피드백을 제공할 수 있을 것이다. 바로 이러한 피드백은 Hattie와 Timperley(2007)가 제안한 '과제의 처리과정(processing of the task)' 및 '자기조절(self-regulation)'에 대한 피드백에 해당한다. 한편 〈표 1-2〉의 하단에는 학생들에게 피드백 활용 기회를 교수설계 안에서 제공하였는지, 그리고 학습 향상이 실제로 나타났는지를 확인하는 질문이 제시되었다.

마지막으로 7, 8장에서는 세 가지 관점을 모두 아우르는 두 가지의 중요한 주제를 다루었다. 먼저 효과적인 피드백의 원리는 과목, 학년이나 과제의 복잡성 수준에 상관없이 동일하게 적용된다. 그러나 효과적인 피드백을 제공하기 위해서는 학습내용과 학습자 특성 모두를 고려해야 한다. 7장에서는 다양한 학년의 영어와 수학 과목을 토대로 피드백 사례를 제시하였다. 이는 실제 사례를 풍부하게 보여 줄 수 있을 뿐 아니라 효과적인 피드백의 원리를 교사 자신의 교수 맥락으로 적용시키는 데 도움을 줄 것으로 생각된다. 마지막으로 8장에서는 학습자에 따른 차별화된 피드백에 대한 내용을 다루었다.

2장

# 피드백 메시지의 특징

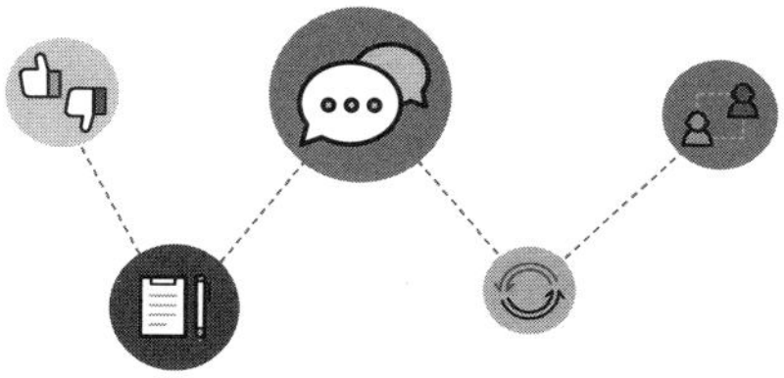

학생이 자신에 대한 건설적인 비판을 긍정적으로 받아들이고, 연습을 하지 않으면 배우지 못한다는 사실을 인지할 수 있는 교실평가 환경이 조성되는 경우, 피드백의 효과는 커진다. 항상 정답만을 추구하는 교실문화 속에 있는 학생은 개선해야 할 사항에 대해 알려주는 것조차도 '틀린 것'이라고 받아들인다. 반면, 학습 향상을 위해 도움을 주고받는 데 가치를 두는 교실문화가 조성된다면, 학생은 피드백을 활용할 수 있고, 학습을 개선하기 위한 계획을 세워 실행할 수 있다. 또한 새로운 것을 배우려고 노력하지 않아도 'A'를 받을 수 있는 과제에 매달리기보다는 자신이 해낼 수 있는 수준보다 더 높은 수준에 도달할 수 있도록 노력하게 된다. 하지만 학생에게 스스로 자신의 학습에 피드백을 활용할 기회를 주지 않는 것은 정당하지 않다. 또한 학생에게 건설적인 비판처럼 보이는 피드백을 제공한 다음에 그것을 성적에 불리하게 반영하는 것도 공정하지 않다.

## 1. 선행연구 고찰

피드백에 관한 초기 연구와 이론은 100여 년 전 행동주의 이론에서 출발했다(Thorndike, 1913). 행동주의 이론에 따르면, 긍정적인 피드백은 '정적 강화'로, 부정적인 피드백은 '처벌'로 설명되었으며, 강화뿐만 아니라 처벌도 모두 학습에 영향을 미치므로 피드백은 효과적이라고 이론화되었다. 하지만 행동주의 이론의 문제점은 실제로는 모든 피드백이 효과적이지는 않다는 것이었다.

최근까지 학자들은 100여 년 동안 축적된 피드백에 대한 다수의 연구로부터 어떤 피드백이 효과적인지 알아내려고 노력해 왔다(Bangert-Drowns, Kulik, Kulik, & Morgan, 1991; Butler & Winne, 1995; Hattie & Timperley, 2007; Kluger & DeNisi, 1996; Shute, 2008; Van der Kleij, Feskens, & Eggen, 2015). 또 다른 연구자들은 효과적인 피드백의 특성을 설명하는 데 초점을 맞추기도 하였다(Johnston, 2004; Tunstall & Gipps, 1996).

교육학자들은 더 이상 학습을 '자극-반응' 연결이라는 행동주의 이론으로 설명하지 않는다. 최근에는 피드백 과정에서 학생이 어떤 역할을 하는지에 관심을 두고 있다. 또한 다양한 피드백의 종류 중에서 어떤 피드백이 어떠한 맥락에서 제시되어야 효과적인지 연구한다. 이러한 연구를 통해 피드백은 학생의 사전 지식이나 경험, 동기에 따라 다른 내용으로 전달된다는 사실이 밝혀졌다.

학생이 해야 할 일은 학습에서 의미를 찾아내는 것이지 자극에 반응하는 것이 아니다. 의미를 만들기 위해서는 자신의 사고 과정을 사용하고 통제해야 한다. 이것을 자기조절(self-regulation)이라고 한다. Butler와 Winne(1995)은 연구를 통해 교사 피드백과 같은 외적 피드백과 학생 자기평가와 같은 내적 피드백은 학생의 지식과 신념에 영향을 미친다고 밝혀냈다. 이 두 가지 피드백은 모두 학생이 다음 학습목표를 설정하고, 목표 도달을 위한 전략을 고안하며, 결과물을 완성하는 등의 자기조절을 돕는다. 여기서 중요한 포인트는 교사의 피드백이 교사 자신의 조절이 아니라는 점이다. 교사는 학생이 어떤 것에 초점을 맞추거나 배우도록 할 수 없다. 교사 피드백은 학생의 내적 피드백과 함께 작용하여 학생들이 도달하기 원하는 학습목표와 비교해 자신의 위치는 어디인지, 다음에는 어떻게 할 것인지를 결정하는 데 도움을 주는 역할을 한다.

피드백 효과에 대한 Kluger와 DeNisi(1996)의 메타연구에 따르면, 피드백의 평균 효과크기는 약 .41이었다. 이는 피드백을 받은 집단이 그렇지 않은 집단에 비하여 평균적으로 .41 표준편차만큼 우수한 성취를 보였음을 의미한다. 그러나 평균 효과크기(.41)에 들어간 연구의 38% 이상에서 피드백을 받지 않은 집단이 피드백을 받은 집단보다 우수한 것으로 나타났다. 이처럼 피드백의 효과는 피드백의 성격에 달려 있다.

Hattie와 Timperley(2007)는 앞서 언급된 연구들을 검토하여 피드백 모형을 제안했다. 이 모형은 1장에서 제시되었던 '내가 도달해야 하는 목표는 무엇인가?' '어떤 방법을 사용해야 할까?' '다음 도달해야 하는 목표는?'과 같은 세 가지 '피드백 질문'에 기반하고 있다. 연구 결과, 형성적 과정에서 피드백의 중요성이 파악되었고, 피드백은 형성적 과정을 촉진시키는 정보로 기능할 수도 있지만, 이러한 과정을 방해하는 장애물이 될 수도 있음이 밝혀졌다.

Hattie와 Timperley는 다음의 네 가지 범주로 구별하여 피드백 모형을 제안했다.

1. 과제에 대한 피드백(답변이 옳고 그른지 또는 자세한 정보를 얻기 위한 방향 등)
2. 과정에 대한 피드백(사용된 전략 또는 사용될 수 있는 전략 등)
3. 자기조절에 대한 피드백(학생의 자기평가 또는 자신감 등)
4. 학생 개인에 대한 피드백(학생이 '우수한'지 또는 '똑똑한'지에 대한 발언 등)

피드백의 효과는 초점을 어디에 맞추고 있는지에 따라 달라진다. 수행의 질, 수행과정 또는 전략에 대해 피드백하는 것이 가장 유용하다. 노력과 주의를 기울이면 자신이 원하는 결과를 얻을 수 있다는 것을 깨닫도록 하는 피드백은 학생이 자신의 자기조절 전략이나 학습자로서의 능력에 주의를 기울이게 하므로 효과적이다. 반면, 학생 개인에 대한 의견(예: "훌륭해요!")은 학생들의 학습에 대한 관심을 끌지 못한다.

Shute(2008)는 이 책의 초판이 언론에 보도된 직후에 형성적 피드백에 초점을 맞춘 피드백 관련 연구를 고찰하여 발표하였다. 그녀는 이 책의 주제와 동일한 주제(예: 피드백 제공 타이밍, 구체성 및 형성적 목적)를 많이 논의했으며 매우 유사한 권고사항을 제시했다(Shute, 2008, pp. 177-180). 그녀는 학습자가 아닌 과제에 초점을 맞춘 피드백, 구체적이고 분명한 피드백, 그리고 성취결과가 아닌 학습에 집중할 수 있도록 도와주는 피드백을 강조했다. 다른 학생과의 비교를 피하고 성적과 함께 피드백을 제공할 것을 제시했으며, 절차와 개념적 지식이 필요한 과제에 대한 즉각적인 피드백과 학습의 전이를 일으키기 위한 지연된 피드백을 제공할 것을 제시했다. 또한 다양한 학습자를 위한 피드백 조절에 대해 몇 가지 결론을 내렸다. 이는 8장에서 다시 설명할 예정이다.

마지막으로, 몇몇의 연구는 컴퓨터 기반 학습 맥락에서 어떤 피드백이 학습 향상에 효과적인지를 조사했다(Mason & Bruning, 2001; Van der Kleij, Feskens, & Eggen, 2015). 연구를 통해 학생이 정답을 맞혔는지가 아니라 무엇을 생각하고 있는지에 대해 집중하는 정교한 피드백이 학습을 더욱 개선시킬 수 있다는 중요한 내용이 파악되었다. 이 결과는 다른 환경에서의 피드백 연구에서도 명백하다(Hattie & Timperley, 2007; Mason & Bruning, 2001; Shute, 2008). 또한 효과적인 형성평가에 대해 알려진 것과 일치한다(5장 참조). 피드백은 학생이 학습목표에 어느 정도 도달했는지 설명하고, 다음 단계의 학습을 위해 최소한 한 가지 이상의 제안을 해 줄 필요가 있다.

## 2. 피드백 전략과 내용

이 절에서는 교사가 효과적인 피드백을 줄 수 있는 방법에 대해 논의하고 있다. 〈표 2-1〉에는 피드백 전략과 좋은 피드백을 위한 제안을 요약하였다. 각각의 제안은 학생의 특성, 학습과제 및 교실 분위기와 같은 교실 맥락에 달려 있음에 주목해야 한다. 즉, 모든 학생에게 그리고 언제나 통하는 피드백 방법은 없다는 것이다.

〈표 2-1〉 피드백 전략

| 피드백 전략 | | 좋은 피드백을 위한 제안 |
|---|---|---|
| 타이밍 | • 언제<br>• 얼마나 자주 | • 사실적인(fact) 지식에 대해서는 즉각적 피드백 제공하기<br>• 학생들의 사고와 처리에 대한 좀 더 포괄적인 고찰에 대해서는 지연된 피드백 제공하기<br>• 학생들 간 격차가 생길 때까지 피드백을 지연시키지 말기<br>• 모든 주요 과제에 대해 가능한 한 자주 피드백 제공하기 |
| 양 | • 얼마나 많은 부분에<br>• 각 부분에 얼마나 많이 | • 우선순위를 매겨 가장 중요하게 피드백을 줄 부분을 고르기<br>• 주요 학습목표와 관련하여 피드백을 줄 부분 선택하기<br>• 학생의 발달 수준을 고려하기 |
| 제공 형태 | • 구두<br>• 서면<br>• 시연 | • 피드백 내용에 가장 적합한 제공 형태를 선택하기: 학생의 책상을 지나가면서 주는 의견이면 충분한가? 아니면 의견교환을 위한 별도의 면담이 필요한가?<br>• 가능한 경우 상호작용 피드백(학생과의 대화)이 가장 좋음<br>• 과제나 시험지 위에 서면 피드백 써주기<br>• '어떻게 해야 하는가'가 중요하거나 학생에게 예시가 필요한 경우 시연을 사용하기 |
| 대상 | • 개별<br>• 집단/학급전체 | • 개별적인 피드백은 '선생님은 나의 학습을 가치 있다고 생각한다.'라는 메시지를 보내는 것임<br>• 집단/학급전체 피드백은 모든 학생이 공통적으로 이해가 가지 않는 내용이 있다면 다시 가르쳐 줄 수 있는 기회가 될 수 있음 |

한편 피드백 전략을 결정할 때, 학생에게 무엇을 말하고 싶은지를 결정해야 한다. 〈표 2-2〉에는 피드백 내용과 좋은 피드백을 위한 제안을 제시했다.

다음으로 명확성, 구체성 및 어조를 제외하고 각각에 대한 우수 사례와 나쁜 사례를 통해 다양한 유형의 피드백을 살펴볼 것이다. 이러한 피드백을 위한 언어 선택에 관한 내용은 3장에서 다룰 예정이다. 여기에서의 분석은 피드백 메시지의 '특성'에 대한 '미시적' 관점에 초점을 맞추고 있음을 기억하길 바란다.

〈표 2-2〉 피드백 내용

| 피드백 내용 | | 좋은 피드백을 위한 제안 |
|---|---|---|
| 초점 | • 과제<br>• 과정<br>• 자기조절<br>• 학생 개인 | • 가능한 경우, 과제와 과정 그리고 그들의 관계를 설명하기<br>• 만약 교사의 의견이 자기효능감을 증진시킬 수 있다면, 그 학생의 자기조절에 대해 언급하기<br>• 학습자 개인에 대한 의견은 피하기 |
| 참조 준거 | • 준거참조<br>• 규준참조<br>• 자기참조 | • 과제 자체에 대한 정보를 제공하면서 준거참조 피드백 사용하기<br>• 학생의 수행 과정 또는 노력에 대한 정보를 제공하면서 규준참조 피드백 사용하기<br>• 성공적이지 않은 학습자에게는 학습목표에 비해 얼마나 뒤처져 있는지의 피드백보다는 이전의 수행에 비해 자신이 얼마나 발전하고 있는지에 대한 자기참조 피드백 사용하기 |
| 기능 | • 설명적<br>• 평가/판단적 | • 설명해 주기<br>• 판단하지 말기 |
| 유인가 | • 긍정적<br>• 부정적 | • 무엇을 잘했는지 설명하는 긍정적인 의견을 사용하기<br>• 수행에 대한 부정적인 설명을 할 때는 개선을 위한 긍정적인 제안을 함께 제공하기 |
| 명확성 | • 명확<br>• 불명확 | • 학생이 이해할 수 있는 어휘와 개념을 사용하기<br>• 학생의 발달 수준에 따라 피드백의 양과 내용을 조정하기 |
| 구체성 | • 사소함<br>• 정확함<br>• 상당히 일반적 | • 학생과 과제에 따라 구체적인 정도 조정하기<br>• 학생들이 무엇을 해야 할지 알 수 있도록 구체적으로 피드백하되, 너무 구체적이지는 않게 할 것<br>• 오류나 오류 유형 등에 피드백을 주지만, 하나하나 모든 오류(예: 교정 또는 정답 제공)를 수정해 주지 말기. 이렇게 하면 학생들은 아무것도 하지 않게 됨 |
| 어조 | • 함축적<br>• 학생들이 듣게 되는 것 | • 학생과 그 학생의 수행에 대한 존중을 나타내는 단어 선택하기<br>• 학생이 자신의 학습에 책임을 가지게 하는 단어 선택하기<br>• 학생들을 생각하게 하거나 궁금해하게 하는 단어 선택하기 |

## 3. 피드백 전략 선택

피드백 전략은 타이밍, 양, 제공 형태 및 대상에 따라 다를 수 있다. 이러한 각 요소를 차례로 살펴보기로 하자.

### 1) 피드백 제공 타이밍

즉각적인 피드백 또는 약간 지연된 피드백을 주는 목적은 학생이 피드백을 듣고 그것을 활용하도록 돕는 데 있다. 학생은 문제의 주제, 과제 또는 자신의 수행 능력과 성취하려는 학습목표를 지속적으로 생각하면서 피드백을 받을 필요가 있다. 일 년 내내 다시 다룰 필요가 없는 주제에 대해 피드백을 하는 것은 학생에게 무의미하다. 피드백을 주는 타이밍을 잡기 위한 일반적인 원칙은 학생의 입장이 되어보는 것이다. 학생은 언제 선생님의 피드백을 듣고 싶어 하는가? 물론, 학생이 수행에 대해 생각하고 있을 때가 피드백을 줄 순간이다.

피드백을 적절한 타이밍에 제공한 예와 그렇지 않은 예를 〈표 2-3〉에 제시하였다. 다음 문단에서 하나의 사례를 자세히 설명할 것이다.

**① 좋은 타이밍: 시험지나 과제는 즉시 돌려주기**

어느 선생님이 선택형 평가를 하고 그날 늦게 점수를 매겼으며, 바로 그다음 날 학생들에게 시험지를 돌려주었다. 선생님은 채점된 시험지를 학생들에게 돌려준 후 수업 시간에 답을 검토하도록 했다. 교육심리학적으로는 이것을 '결과에 대한 지식'이라고 한다. 결과에 대한 이 간단한 피드백조차도 효과적이며 신속하게 제공하는 것이 좋다.

**② 나쁜 타이밍: 시험지나 과제를 늦게 돌려주기**

'선생님이 과연 보고서를 돌려줄까?'라고 생각했던 시절을 우리는 모두 떠올릴 수 있

〈표 2-3〉 피드백 제공 타이밍

목적

■ 학생들이 학습목표를 염두에 두고 있을 때 ■ 학생들이 피드백을 활용할 시간이 있을 때

| 좋은 예 | 나쁜 예 |
|---|---|
| • 시험이나 과제를 다음날 돌려주기<br>• 질문에 대해 즉시 응답하기<br>• 오개념에 대해 즉시 응답하기<br>• 학습내용에 대한 정답/오답이 적힌 플래시 카드를 즉시 제공하기 | • 시험이나 과제가 완료된 날로부터 일주일 이상 후에 돌려주기<br>• 실수나 오개념을 무시하기(이는 허용함을 암시)<br>• 단원이 끝나서 더 이상 개선할 기회가 없을 때 시험이나 과제를 같이 검토해 보기 |

다. 그에 따른 좌절감이나 무시당한 것 같은 느낌과 함께 학생들의 과제는 신속히 되돌려 주어야 한다는 점을 상기해 보길 바란다. 학생에게 즉각적으로 피드백을 제공하는 것이 일상이 된다면 학생은 우리 선생님은 항상 그러하다는 것을 알고 믿을 수 있게 된다. 그래서 가끔 선생님이 바쁜 일이 생겨 피드백을 늦게 주더라도 그런 사정을 이해하게 될 것이다.

## 2) 피드백 양

교사가 얼마나 많은 피드백을 줄 것인지를 결정하는 것은 아마도 가장 어려울 수 있다. 발견되는 모든 오류를 고쳐주고 싶은 마음이 드는 것은 자연스러운 현상이다. 교사는 학생이 모든 학습목표를 완벽하게 성취하기를 기대한다. 실제 학습에서 차이를 만드는 것은 학생이 이미 알고 있는 것과 도달해야 할 목표로 이끌어 줄 수 있는 유용한 정보의 양이다. 얼마나 많은 부분에 피드백을 줄지에 대한 적절한 양을 판단하려면 다음 세 가지 요소에 대한 깊은 지식과 고려가 필요하다.

- 일반적인 주제와 구체적인 학습목표
- 해당 주제 또는 목표에 대한 전형적인 학습 발달 과정
- 피드백 제공 대상이 되는 개별 학생들

앞의 세 가지 요소는 동시에 고려할 필요가 있다. 우선 교사는 학생이 다음에 무엇을 해야 할지, 무엇이 필요한지에 대해 명확하게 이해할 수 있도록 피드백을 제공해야 한다. 그러기 위해서는 학생의 현재 학습수준을 알아야 한다. 어떤 교사는 단순히 한 부분에 피드백을 주는 것으로 명확성과 개선을 얻으면 충분하다고 생각할 수 있지만, 어떤 교사는 더 많은 부분을 다룰 수 있다. 다음에 무엇을 해야 하는지 알기 위해 주제에 대한 내용지식(그 밖에 더 알아야 할 것은 무엇인가?)과 그 주제에 대한 교사의 경험(일반적으로 다음에는 무엇이 올까?)을 구체적으로 생각해 보아야 한다.

'학생이 수행하기에 적합한 학습목표인가?' '학생이 학습 향상을 이루었을 때 얻을 수 있는 혜택은 무엇인가?' '어떤 부분에 피드백을 주는 것이 다른 부분을 강조하는 것보다 더 효과적인가?' '특정한 부분에 피드백을 주어야 하는 학생이 있는가?' 등과 같은 내용을 고민해 볼 수 있을 것이다. 예를 들어, 교사와 학생이 깔끔한 필체를 위해 열심히 노력했다면, 교사의 피드백은 아마도 목표와 일치할 것이다. 만약 그렇지 않다면 그 피드백은 유용하지 않을 수 있다.

〈표 2-4〉는 피드백의 양에 대한 적절한 혹은 그렇지 못한 예시를 요약한 것이다. 또한 다음 단락에서 그 요점을 제시할 것이다.

### 〈표 2-4〉 피드백 양

목적

- 학생이 무엇을 해야 할지 이해할 수 있도록 충분한 양의 피드백을 제공하기. 그러나 지나치게 많지는 않게 (물론 사례별로 다름)
- '가르칠 수 있는 순간'에 피드백을 주어야 하지만, 압도적으로 많지는 않도록

| 좋은 예 | 나쁜 예 |
|---|---|
| • 2~3가지 중요한 요점을 골라서 피드백하기<br>• 중요한 학습목표에 대해 피드백하기<br>• 약점뿐만 아니라 강점에도 유사한 정도로 피드백 제공하기 | • 학생의 과제에서 틀린 철자를 모두 교정하여 돌려주기<br>• 과제물보다 더 많은 양의 피드백을 제공하기<br>• 수준이 낮은 과제에 방대한 양의 의견을 써주고 수준 높은 과제에는 거의 아무것도 써주지 않기 |

#### ① 적절한 피드백 양: 골디락스(Goldilocks) 원리의 적용

골디락스 원리는 '너무 많지도, 적지도 않게 적절히' 유지하는 것이다. 경우에 따라 적절성은 다를 수 있으며, 그 예는 다음과 같다. 〈표 2-5〉에 제시된 4학년 작문 수행과제는 미국의 국가수준 학업성취도 평가(National Assessment of Educational Progress)의 문제은행에서 가져왔다. 이러한 과제는 미국의 교실 수업에서 많이 사용하는 유형이다. 4학년생이 수업에서 글쓰기 연습을 위해 〈표 2-5〉의 문단을 작성했다고 가정하자.

### 〈표 2-5〉 4학년 학생이 쓴 '점심시간'

쓰기 문제: 학교 점심시간이 어떤지 설명해 봅시다. 학교에서 점심식사를 한 적이 없는 사람이 학교의 점심식사 장소와 시간이 어떤지 이해할 수 있도록 그에 대해 설명해 봅시다.

점심시간은 시끄럽다. 거의 모든 학생들이 시끄러운 소리를 낸다. 우리는 맛있는 음식을 먹고 조리사는 훌륭하다. 점심 먹을 시간은 35분이다. 급식실은 크고 테이블이 많다. 선생님들을 위한 우유와 샐드 바가 있다 이것이 우리학교 급식실의 모습이다.

이 글은 4학년 수준에서 가장 적절한 답안은 아니다. 그러나 가장 먼저 그리고 중요하게 지적해야 할 점은 글의 주제가 명확하고 일리가 있다는 것이다. 아마도 이 글에

대한 두 번째 주된 반응은 간단하다는 것이다. 문장 구조에 많은 세부사항이나 다양성이 별로 없다. 그러나 학생이 세부사항을 추가하는 방법을 배우게 된다면 아마도 세부사항까지 글에 포함시킬 수 있을 것이다.

교사는 학생에게 "이 글의 내용은 분명하고 의미가 있어요."와 같은 초기 피드백을 줄 수 있다. 이런 피드백은 학습목표를 명확하게 하고 활동내용의 긍정적인 면에 대해 의미를 부여할 수 있다. 추가적인 피드백으로 "자세한 내용이 있으면 더 흥미로울 거예요." "급식실이 크다는 문장을 '소음' 뒤로 옮기면 소음에 대한 이유를 제시할 수 있어요." "다른 의견이 있나요?" "소음이 어떻게 들리는지 설명해 보겠어요?"와 같은 내용을 전달할 수도 있다.

일부 학생에게는 긍정적인 피드백 내용과 개선을 위한 제안을 하면서 여기에서 멈추는 것이 좋을 것이다. 자세한 내용을 추가하는 데 더 많은 관심이 있는 학생을 위해서는 다음과 같은 피드백도 도움이 될 것이다. "선생님들에게 우유와 샐러드 외에 '좋은 음식'에 대한 몇 가지 예를 들려줄 수 있나요?" "점심으로 어떤 음식을 먹었나요?" "친구가 먹은 음식은 무엇이지요?"와 같은 피드백은 상세한 내용을 비평('단락이 매우 간단하고 세부사항이 부족함')할 수 있을 뿐만 아니라 학생 스스로 세부사항을 추가하기 위해 사용할 수 있는 전략이 있음을 알려준다. 이러한 피드백은 학생이 스스로 생각할 수 있도록 장려하며, 학생의 경험과 이해의 범위보다 한 단계 더 나아갈 수 있음을 알려준다.

이런 모든 피드백 내용은 단순하지만 학생이 작성한 것보다 더 많은 단어를 분명히 제시하기 때문에 구두로 가장 잘 전달된다. 또한 학생이 쓴 문장의 해당 부분을 직접 가리키면서 전달해야 한다. 일단 표현하고자 하는 내용이 상당히 향상되면, 학생은 철자법 및 맞춤법에 대한 교정을 할 수 있다.

**② 부적절한 피드백 양: 철자(법)에만 초점 맞추기**

빨간 펜을 사용하여 철자(법)를 고치는 것이 가장 먼저라고 생각하는 교사가 많다. "'살드'가 아니라 '샐러드'에요. '이것이' 앞에는 마침표가 있어야 해요." 이런 종류의 지적도 중요하긴 하지만 글을 쓰는 과정에 대해 피드백을 주는 것에 비하면 학생이 스스로 완성도 높은 글을 쓸 수 있도록 도움을 주지는 못한다.

### 3) 피드백 제공 형태

피드백은 여러 방식으로 제공될 수 있다. 서면 피드백(예: 학생의 작문에 대한 의견 검토 및 의견 쓰기), 구두 피드백(예: 학생이 수학문제를 풀 때 관찰하고 옆에서 의견을 제시하는 것), 시연(예: 유치원생이 연필을 정확하게 잡도록 도와주는 것)에 적합한 과제의 종류가 있다. 가장 좋은 피드백 중 일부는 학생과의 대화에서 나타날 수 있다. 예를 들어, 학생이 하는 모든 수행에 대해 이야기해 주기보다는 "무엇에 주목하였니?" "놀라운 점은 무엇이지?"라고 질문을 할 수 있다. Peter Johnston의 저서인 『Choice Words』(2004)에는 학생에게 피드백을 제공하는 데 도움을 주는 질문 방법이 자세히 실려 있다.

피드백을 구두로 줄 것인지 서면으로 줄 것인지에 대한 결정은 부분적으로 학생의 읽기 능력, 특히 어린 학생의 읽기 능력에 근거해야 한다. 즉, 교사가 쓴 내용을 학생이 이해할 수 있는지 고려해야 하며, 피드백을 제공하는 상황에 맞게 제공 형태를 결정할 필요가 있다. 학생과 대화를 나누는 것이 언제나 가장 좋으나 모든 학생과 모든 것에

**〈표 2-6〉 피드백 제공 형태**

목적

■ **가장 적절한 방법으로 피드백 메시지를 전달하기 위해**

| 좋은 예 | 나쁜 예 |
| --- | --- |
| • 학생들이 기억하고 검토할 수 있어야 하는 부분에 서면 피드백 사용하기<br>• 읽기 능력이 낮은 학생을 위해서 구두 피드백 주기<br>• 학생들이 읽고 싶어 하는 것보다 전달할 정보가 많을 경우 구두 피드백 사용하기<br>• 학생들이 무엇을 어떻게 하는지를 직접 보는 게 도움이 되는 경우에는 시연 피드백 사용하기 | • 글로 써주는 것이 번거로워서 학생들에게 구두 피드백 주기<br>• 잘 읽지 못하는 학생을 위해 서면 피드백하기 |

관해 이야기할 시간이 없다. 〈표 2-6〉은 피드백 제공 형태에 대한 좋고 나쁜 선택의 예를 제시하고 있으며, 다음 단락에서 좀 더 자세히 설명할 것이다.

**① 좋은 제공형태: 가르칠 수 있는 순간을 이용하기**

〈표 2-5〉의 '점심시간'에 대한 피드백은 비교적 간단한 두 포인트(분명하고 자세한 내용이 필요했다는 부분)에서 학생과 대화를 시작하는 분위기를 조성했다. 이러한 피드백의 초점은 과제 자체에 대한 것이다. 세부 정보를 얻는 과정에 대한 추가 피드백을 제공하면 학생은 자신이 쓴 것보다 더 많은 단어를 포함시킬 수 있다. 교사는 현실적으로 피드백을 긴 글로 써주기 힘들고, 써주게 되더라도 학생의 글쓰기 능력을 압도해 버리는 결과를 가져오게 될 것이다. 하지만 구두 피드백은 '가르칠 수 있는 바로 그 순간'에 학생과 유익하고 간단한 대화를 시작할 수 있다. 따라서 피드백을 구두로 제공하는 것은 좋은 결정이다.

**② 나쁜 제공형태: 학생이 이해할 수 없는 내용을 써주기**

불행히도, 나쁜 선택에 대한 다음 사례는 실제 이야기이다. 한 초등교사는 칠판에 적힌 이야기를 옮겨 필기 연습을 하도록 수업을 구성했다. 가벼운 학습장애를 가진 학생은 칠판에 적힌 내용을 자신의 공책으로 옮기는 데 어려움을 겪고 있었다. 교사는 선명한 보라색 표식을 사용하여 단어가 추가되거나 빠진 부분에 표시를 하고 '추가' '누락'이라고 적어 주었다. 또한 'go'대신에 'og'라고 쓴 곳에는 교사가 동그랗게 표시를 하고 '거꾸로'라고 적었다. 학생은 '누락' '거꾸로'라는 의미를 이해하지 못했다. 안타깝게도 학생이 보라색 표시와 이상한 말들이 적힌 종이를 보고 결론을 내릴 수 있었던 건 자신의 글을 선생님이 나쁘다고 생각하고 있다는 것뿐이었다. 그 학생은 잘 작성한 내용이 어떤 것인지, 고치는 방법은 무엇인지 이해하지 못했다. 학생이 피드백에서 배운 것은 자신의 글이 잘못되었다는 사실뿐이다. 그런 일들이 너무 자주 발생하면 학생은 학습을 포기하게 된다.

### 4) 피드백 대상

피드백 제공형태의 나쁜 선택에 대한 예시는 피드백 대상 선택에 대한 시사점도 제공한다. 모든 의사소통과 마찬가지로 피드백은 대상에 대한 섬세하고 적절한 감각을 가질 때 가장 잘 전달된다. 학생이 개인별로 수행한 내용의 세부사항은 그 학생이 가장 잘 알고 있기 때문에 개별 피드백을 주는 것이 가장 적합하다. 개별 피드백은 제공된 정보 이외에도 교사가 학생 개개인의 발전에 대해 관심을 가지고 있다는 느낌을 학생에게 전달하기 때문에 강력하다(예: "선생님은 내가 수행한 내용을 실제로 읽고 생각해 주었어!"). 따라서 대상에 관한 첫 번째 요점은 교사가 학생의 개별적인 특성을 알아야 하고 그들과 이야기해야 한다는 것이다. 동일한 메시지가 여러 학생에게 도움이 된다면, 반 전체나 모둠에 피드백을 제공하면서 시간을 절약할 수 있으며 미니레슨이나 복습 단계에서 활용할 수 있다.

만약 전체 수업 중에 특정 모둠에게만 피드백을 주어야 할 경우, 개념을 숙달한 학생을 '더 능숙한 또래'로 사용하여 개념이나 기술을 시연하게 할 수 있다. 또는 다른 학생들이 과제를 수행하는 동안 어떤 모둠을 따로 불러 피드백을 제공할 수도 있다.

또한 개별 피드백과 모둠 피드백을 혼합할 수도 있다. 예를 들어, 많은 학생이 개성 없거나 모호한 표현을 사용하여 글쓰기 과제를 제출했다고 가정해 보자. 지루하고 재미없는 단어 대신 구체적이고, 정확하고, 생생한 단어를 선택하는 방법에 대한 예시를 전체 학급에 피드백으로 제공할 수 있다. 개별 학생의 작업에 대해 생각을 자극하는 몇 가지 질문과 함께 사용할 수도 있다(예: "'큰(big)' 대신 다른 단어를 사용할 수 있나요?" "이 사건이 얼마나 심각했는지를 다른 사람들이 알게 하려면 어떻게 설명해야 할까요?").

〈표 2-7〉은 대상에 대한 좋거나 나쁜 선택의 예를 보여 주며, 다음 단락에서 그 요점을 자세히 설명할 것이다.

**① 좋은 대상 선택: 수학 시연을 위한 모둠 접근법의 적용**

한 중학교 수학교사는 학급의 3분의 1이 숙제를 하는 데 어려움을 겪고 있음을 알게

**〈표 2-7〉 피드백 대상**

목적

■ 구체적인 피드백을 적합한 대상에게 전달하기 위해
■ 피드백을 통해 학습이 가치 있다는 것을 전달하기 위해

| 좋은 예 | 나쁜 예 |
|---|---|
| • 개별적으로 의사소통하여 수행에 관한 구체적인 정보를 제공하기<br>• 다수의 학생에게 동일한 미니레슨 또는 재교육이 필요할 때 모둠 또는 반 전체 피드백 제공하기 | • 모든 학생에게 동일한 피드백 제공하기<br>• 시간이 많이 걸린다는 이유로 개별적인 피드백 제공하지 않기 |

되었다. 수직이등분선 그리기와 관련된 문제였다. 일부 학생은 컴퍼스를 사용하여 양 끝점을 중심으로 원을 두 개 그린 다음 교차점을 연결하는 방법을 사용하는 대신 선분을 측정하여 반으로 나누려 했다. 교사는 몇 명의 숙제에서 같은 종류의 오류가 나타나고 있음을 파악하고, 순서에 따라 모둠 피드백을 제공하기로 결정했다.

먼저, 교사는 학생들이 숙제에 어려움을 겪고 있음을 파악했고, 모든 학생이 수직이등분선을 그리는 법을 배우기를 바라면서 수직이등분선을 그리는 활동을 하겠다고 말했다. 그 교사의 이러한 피드백은 두 가지 역할을 했다. 첫째, 교사가 피드백을 통해 무엇을 하려고 하는지 확인되었다. 이제 학생들은 자신의 수행과제에 교사가 반응하고 있음을 알게 되었다. 교사가 피드백에 대한 언급 없이 시연을 시작했다면 많은 학생이 교사의 설명과 공부할 내용 간의 연관성을 찾지 못했을 것이다. 그 수업은 단지 '일상적인 과제'였을 것이다. 둘째, 교사의 피드백은 학생들에게 학습목표를 상기시켜 주었고, 피드백을 목적에 맞도록 만들었다(사실상 '우리는 학습목표를 가지고 있으며, 목표에 더 가까이 가기 위해 해야 할 일이 있다.'라는 의미이다).

다음으로 교사는 칠판에 AB로 표시된 선분을 그린 다음 "선분 AB에 수직이등분선을 그리려면 먼저 무엇을 해야 하지요?"라고 물었다. 교사는 과제를 잘 수행한 학생을 교실 앞으로 나오게 해서 시범을 보여 달라고 요청했다. 학생이 한 단계씩 수행해 나가자

교사는 학급 전체에 "지금 이 학생이 어떻게 하고 있지요?"라고 물었다. 그 문제가 해결되었을 때, 교사는 그 문제를 그대로 두고 옆에 CD라고 표시된 다른 선분을 그렸다. 다음으로 교사는 과제를 잘 수행하지 못하는 학생을 교실 앞으로 나와 시범을 보이라고 했고, 그가 그 과제를 성공적으로 완수할 수 있도록 도움을 주었다. 여전히 직각이등분 문제를 해결하지 못한 학생에게는 다시 풀어 보라는 요청을 했다(결국 숙제는 연습용인 셈이다). 단원 평가가 시작될 즈음에는 거의 모든 학생이 수직이등분선을 그릴 줄 알게 되었다.

**② 나쁜 대상 선택: 잘못된 수학 시연**

앞에서 기술한 시나리오는 무척 단순한 경우이다. 그러나 학급 학생 중 2명만 선분의 반을 나누는 오류를 범했다면 어떻게 될까? 앞에서 제시한 방법은 아마 수업 대부분을 지루하게 만들 것이다. 일반적인 교실 상황에서 교사는 집단활동이나 개인 활동 중에 개별 피드백을 제공할 수 있다. 학생의 숙제에 대한 서면 피드백과 예제 활용, 교사의 지도나 또래 가르치기를 활용한 수업을 하면서 더 많은 실습 기회를 부여하는 것도 도움이 될 수 있다. 모둠이 유연하게 조직화되고 개별화 교육 방법이 일상적으로 사용되는 교실에서는 수직이등분선에 대한 모둠 활동의 상황에 대해서도 피드백이 제공될 수 있다.

## 4. 피드백 내용 선택

피드백 내용 선택에는 초점, 참조준거, 기능 및 유인가가 포함된다. 모든 피드백은 이러한 선택을 동시에 구현하기 때문에 네 가지 요인을 모두 함께 다루어야 한다. 이 내용은 피드백에서 무엇을 전달할지 결정하는 데 도움이 될 것이다. 피드백의 명확성, 구체성 및 어조에 영향을 미치는 단어 선택에 대한 제안은 5장에 제시하였다.

## 1) 초점

Hattie와 Timperley(2007)는 다음의 네 가지 범주로 피드백을 구별했다.

- 과제에 대한 피드백
- 과정에 대한 피드백
- 자기조절에 대한 피드백
- 학생 개인에 대한 피드백

먼저, 과제에 대한 피드백은 오류에 대한 정보(어떤 것이 옳고, 그른지 여부)를 포함한다. 또한 과제 수행의 깊이나 질에 대한 정보도 제공하며, 명시적이거나(예: 루브릭[1] 기준) 암묵적인 기준(예: '숙제를 잘해 내야 한다.')에 대한 정보도 포함한다. 추가 정보를 요구할 수도 있고(예: "이 보고서에 첫 대륙 회의에 대한 자세한 정보를 포함해야 합니다."), 형식적인 면에 대한 정보도 제공할 수 있다.

선행연구에 따르면, 과제에 대한 피드백은 학생들에게 정보가 부족하다고 경고할 때보다 오개념을 시정할 때 더욱 강력한 것으로 밝혀졌다(Hattie & Timperley, 2007). 내용을 이해하지 못하는 학생에게는 피드백보다 추가 지도가 더 효과적이다. 여기서 과제에 대한 피드백이 가지는 한 가지 문제는 특정한 과제에 고유하게 적용되기 때문에 다른 과제로 전이될 수 없다는 것이다. 즉, 과제에 대한 피드백은 과제를 더 잘 익힐 수 있도록 도울 수는 있지만, 과제를 수행하는 과정에 대한 피드백만큼 학습 개선에 기여하지 않는다.

둘째, 과정에 대한 피드백은 학생에게 과제에 접근하는 방법, 수행한 과제와 수행의 질 사이의 관계 그리고 유용한 대안 전략에 대한 정보를 제공한다. 일부 우수한 학생은 과제에 대한 피드백을 과정에 대한 피드백으로 바꿔서 받아들일 수 있다. 즉, 과제 수

---

1) [역자 주] 채점 기준표(준거항목과 더불어 성취기준과 수준의 관련성을 도표화한 것) [출처: 한국교육평가학회(2004). **교육평가용어사전**. 서울: 학지사.]

행의 결과에 대한 피드백(결과에 대한 지식)이 주어지면, 자신의 인지 피드백(과제의 특성과 결과, 수행과정을 연결)을 생성할 수 있다(Butler & Winne, 1995). 학습의 전이 효과를 높이기 위해 교사는 과정에 대한 피드백을 통해 단계적인 도움을 줄 수 있다. 이것은 학생의 요구 사항을 해결하고 '학습 방법을 배우는' 기술을 습득할 수 있게 해 주는 매우 강력한 방법이다(이에 대한 자세한 내용은 6장 참조).

셋째, 자기조절이란 학생이 자신의 학습을 모니터링하고 통제하기 위해 사용하는 인지적 과정이다. 이는 학생이 피드백 정보를 찾고, 받아들이고, 행동하게 한다. 효과적인 학습자는 더 많은 정보, 평가 또는 제안을 받아들이고 이러한 피드백을 얻기 위한 전략이 필요한 타이밍을 파악하여 자기조절의 내적 순환과정을 만든다. 반면, 효과적이지 못한 학습자는 과제에 대해 교사가 어떤 피드백을 주기로 결정했는지와 같은 외부 요인에 더 의존한다. 즉, 학습자로서의 자신감(즉, 자기효능감)이 있고, 정보가 유용하며, 노력할 가치가 있다고 확신할 때 학생은 피드백을 얻고 다루는 데 더 많은 노력을 기울일 것이다. 따라서 자기조절에 대한 피드백은 자기효능감을 향상시킬 정도로 효과적이라 할 수 있다.

마지막으로, 학생 개인에 대한 피드백(예: "똑똑한 학생이야!")은 일반적으로 좋은 아이디어가 아니다. 크게 두 가지 이유가 있는데, 먼저 추가 학습에 사용할 수 있는 정보가 포함되어 있지 않으므로 형성적이지 않다는 점이다. 그리고 더 암울한 것은, 개인에 대한 피드백은 지능이 고정되어 있다고 믿는 학생들에게 더 큰 영향을 미칠 수 있다는 점이다. 성취가 학생 자신이 통제할 수 있는 범위를 넘어서는 것이라고 인식할 수 있기 때문이다. 지능이 고정되었다는 믿음은 학생의 노력과 성취 사이를 연결시키지 못한다(Dweck, 2007). 그것은 일종의 학문적 숙명론으로 이어진다. 이와는 대조적으로, 과정에 대한 피드백은 성취가 학생 스스로 통제할 수 있는 영역이고, 선천적인 능력이 아니라 특정한 전략을 가지고 노력하는 것과 관련이 있다는 신념을 키운다. 이러한 신념이 학습에 더 도움이 되는 것이 사실이다! 〈표 2-8〉은 피드백 초점에 대한 좋고 나쁜 선택의 예를 보여 준다.

이상의 내용을 종합하자면, 과정에 대한 피드백은 학생에게 자신이 수행한 일과 얻

### 〈표 2-8〉 피드백 초점

목적

- 학습목표와 관련하여 수행의 구체적인 수준을 설명하기 위해
- 학생들의 학습과정과 전략을 관찰하여 개선 방법을 알아내는 데 도움을 주기 위해
- 학생들의 수행과 사려 깊고 의도적인 노력을 연결하여 학생의 자기효능감을 키워주기 위해
- 학생 개인에 대한 피드백을 지양하기 위해

| 좋은 예 | 나쁜 예 |
|---|---|
| • 수행의 강점과 약점에 대해 피드백 주기<br>• 관찰한 수행 과정에 대해 피드백 주기 또는 수행 개선에 도움이 되는 전략에 대해 권장하기<br>• 학생이 수행하려는 마음을 가지고 있다고 가정하여 피드백 주기<br>• 개인적인 코멘트 피하기 | • 우회적으로 코멘트하기(예: "이런 부분은 잘했어. 왜냐하면…" 대신 "이건 어려워.")<br>• 개선 방법에 대한 통찰력은 제공하지 않으면서 비판하기<br>• 개인적인 칭찬을 하거나 파헤치기(예: "어떻게 해냈어?" 또는 "멍청이") |

게 된 결과 간의 관계에 대한 정보를 제공한다. 반면, 과제에 대한 피드백은 평가 결과에 대해 간단한 정보만을 제공한다. 과제에 대한 피드백을 과정에 대한 피드백으로 확장하려면 학생에게 틀린 문항에 나타난 오류의 원인을 찾아내게 해야 한다. 이러한 연습은 개별적으로 수행하도록 할 수 있다. 한편, 학생이 정답을 알고 있었는데 표시를 잘못해서 틀리는 경우도 있다. 이러한 부주의한 오류를 파악할 수 있도록 도움을 주면 학생은 과제를 해결할 때 좀 더 조심하고 더 많은 시간을 할애하는 것이 학습을 개선시킬 수 있는 좋은 전략일 수 있다는 것을 알게 된다. 사실이나 개념을 이해하지 못해 오류가 생길 수도 있다. 이러한 오류를 해결하기 위해서는 더 오래 혹은 다른 방법으로 공부하는 것이 도움이 될 수 있다. 즉, 학생이 어떤 종류의 사실이나 개념이 특히 문제가 되었는지 분류하는 데 집중하게 되면 '더 열심히 하는 공부가 아니라 더 현명하게 하는 공부'에 도움이 된다.

이 과정에서 학생은 정답을 찾을 수 있었던 이유를 밝힐 수 있어야 한다. 이 활동은 모둠으로 진행될 수 있으며 학생이 자료를 가지고 활동할 수 있을 때 더욱 유용하다.

이렇게 과정에 대한 피드백을 제공한 후에는 적어도 한 가지 이상의 수업이나 과제를 더 준비하고, 다음에 도달해야 할 목표를 제공하며, 실수에서 배우는 것이 중요하다는 메시지를 보내는 것이 합리적이다. 이 책의 6장에 확장된 예와 이를 수행하기 위한 검토양식을 제시하였다.

### 2) 참조준거

학생의 시험 성적을 규준참조(다른 학생들의 수행과 비교하는 것)와 준거참조(정해진 준거와 학생들의 수행을 비교하는 것)로 판단하는 것은 익숙할 것이다. 피드백 또한 이러한 참조준거를 사용한다.

첫째, 학생의 수행과 학습목표의 성공기준을 비교하는 것이 준거참조이며, 좋은 피드백을 위해 사용하는 주요한 비교의 한 종류이다(예: "이 부분을 제외한 모든 세부 내용은 상어가 오해를 받고 있다는 것을 뒷받침합니다. 그런데 이 내용이 상어와 무슨 상관이 있는지 모르겠군요."). 이 피드백은 학생이 다음 목표가 무엇인지 결정하는 데 도움이 된다. 명확한 기준에 대한 피드백은 대부분의 교실에서 사용되는 학습 모델과 일치한다. 대부분의 교사는 학습목표(때때로 단원목표 또는 차시목표라고 함)로 시작하는 학습 모델을 사용한다. "목표는 어떤 형태인가?" "학생들이 목표에 얼마나 가까이에 있는지 어떻게 알 수 있는가?" "실제로 학생들은 이 과제에 얼마나 근접했는가?" 이러한 질문은 준거참조 피드백의 답변과 관련되며, 학생들이 배움을 얻기 위해 답해야 하는 질문이다.

둘째, 자기참조 피드백은 학생이 사용하는 학습과정이나 방법을 설명하는 데 도움이 된다(예: "수행과제를 확인했습니다. 계산을 지난 시간보다 잘했어요! 얼마나 잘했는지 살펴보세요."). 이러한 자기참조 피드백은 진행 과정을 이해할 필요가 있는 학생에게 도움이 된다(예: "이번에는 모든 이름이 대문자로 된 것을 알아냈네요! 지난번에는 이것을 알아내는 것을 잘 못했었는데!"). 8 장에서는 이 방법을 보다 자세히 다룰 것이다.

셋째, 규준참조 피드백은 학생의 수행을 다른 학생의 수행과 비교하기 때문에, 학생이 개선할 수 있는 정보가 포함되어 있지 않다는 면에서 일반적으로 권장되지 않는다.

예를 들어, 한 학생의 보고서가 친구들의 보고서보다 좋지 않게 판단되었다고 가정해 보자. 만약 이 학생이 자신의 과제를 수정할 기회가 있다면, 이러한 피드백을 통해서 무엇을 할 수 있을까? 친구들의 보고서를 베끼는 것 외에는 실제로 할 일이 없다. 더 나쁜 점은 규준참조 피드백은 승자와 패자를 만들어 내며, 전략적 수행이 아니라 학생의 능력이 중요하다는 치명적인 사고방식에 영향을 미친다.

남들보다 뛰어난 것을 경쟁력이라고 여기도록 훈련된 문화에서 학생들은 주로 규준참조적인 정보를 원한다. 형성평가가 아닌 총괄평가의 맥락에서 교사가 학생에게 "내가 얼마나 잘했지?"라는 질문에 스스로 대답해 보게 하는 방법으로 제한된 규준참조 정보를 제공하는 경우가 있다. 예를 들어, 점수가 매겨진 과제를 나누어 줄 때, 교사는 학생들이 자신의 위치를 볼 수 있도록 칠판에 등급 분포표(예: A, B, C 등)를 붙일 수 있다. 이 방법은 모든 학생이 성공적인 학습자임을 확신하는 수업에서는 유용할 수 있다. 모든 피드백과 마찬가지로 맥락을 이해하는 것이 절대적으로 중요하다. 규준참조는 실패한 학습자의 동기부여에 매우 위험하므로 추천하지 않는다.

〈표 2-9〉는 피드백에서 사용된 참조준거의 종류에 대한 좋고 나쁜 선택의 예를 보여 준다.

### 〈표 2-9〉 피드백의 참조준거 유형

**목적**

- **일반적으로 학생의 수행을 정해진 기준(성취기준)과 비교하기 위해**
- **때때로 학생의 수행을 자신의 과거 수행과 비교하기 위해**
- **드물게 학생의 수행을 다른 학생들의 수행과 비교하기 위해**

| 좋은 예 | 나쁜 예 |
|---|---|
| • 학생이 스스로 개발한 루브릭과 학생의 수행을 비교하기<br>• 사전에 설명된 루브릭과 학생의 수행을 비교하기<br>• 현재 수행은 그다지 좋지 않지만 점차 개선해 나가고 있는 학생을 격려하기 | • 학생들을 비교하는 정보가 들어간 게시물 붙이기<br>• 매번 다른 기준이나 혹은 기준 없이 각 학생의 수행에 대한 피드백 제공하기 |

### 3) 기능

'설명'과 '판단' 피드백을 사용하는 것이 단순히 단어 묘사의 문제라면, 우리는 초등학교에서 설명문을 쓰는 방법을 배웠듯이 설명적 피드백을 사용하는 방법을 배울 수 있을 것이다. 불행히도, 일부 쟁점은 학생이 피드백을 어떻게 이해하는지에 있다. 학생은 좋든 나쁘든 과거의 경험을 통해 선택적으로 피드백을 받아들인다.

일단 성적이나 판단적인 의견이 주어지면 학생들은 설명적인 피드백에 관심을 기울일 가능성이 적어진다. 심지어 일부 학생은 설명을 해 줄 때도 판단하는 것으로 듣게 될 것이다. 학습에 어려움을 겪는 일부 학습자는 학교 경험에 너무 좌절하여 도움을 주려는 시도 또한 자신의 '어리석음'을 인식시키는 의미로 받아들이게 될 수도 있다. 이러한 학습자에게는 과제를 성공적으로 수행하는 것을 강조하기보다는 최종 성과에 대한 개선점을 알려주는 것이 도움이 된다. 그런 다음 학생을 위해 하나 또는 두 개의 작고 실행 가능한 다음 단계를 제공하고, 수행하고 나면 해당 단계의 성공 등에 대해 피드백을 주어야 한다.

교사가 주는 피드백을 학생이 설명적인 것으로 해석할 가능성을 극대화하기 위한 몇 가지 방법이 있다. 첫째, 학생에게 연습할 수 있는 기회를 많이 주고, 성적이 관여되지 않은 피드백을 주는 것이다. 하지만 일부 교사는 그렇게 하는 것이 어렵다고 생각한다(예: "수업 중에 하는 모든 활동이 점수로 매겨질 거야."라고 말한 적이 있는가?). 그렇다고 학생이 처음 시도해도 A나 B를 받을 수 있을 정도로 쉬운 학습목표만 항상 수행하도록 하는 것도 의미가 없다. 시간이 좀 걸리겠지만, 학습 개선을 위한 피드백을 주고자 노력하면 학생을 점수로만 대하는 관점을 바꿀 수 있다. 만약 학생이 적당히 도전적인 과제를 수행하고, 개선을 위한 피드백을 받고 있음을 이해하며, 개선할 수 있을 때까지 연습하도록 허용해 준다면 성적을 매기기 위한 시험이나 과제 또한 배움에 도움이 된다는 것을 깨닫게 될 것이다. 즉, 학생 스스로 수행과 자기조절을 관리해 나가고 있다고 느끼면 모든 것에 성적을 매기도록 설계가 되어 있는 통제적인 상황도 잘 극복할 수 있을 것이다. 학생이 이런 종류의 수행 습관을 만들기 위해 비계를 필요로 한다면, 교사

〈표 2-10〉 피드백 기능

목적(형성평가를 위한)

■ 학생의 수행을 설명하기
■ 학생이 개선을 위해 노력하지 못하도록 수행을 판단해 버리지 않기

| 좋은 예 | 나쁜 예 |
|---|---|
| • 학생의 수행에서 장점과 단점 파악하기<br>• 교사가 학생의 수행에 대해 관찰한 내용을 표현하기 | • 연습 또는 형성적 목적의 수행에 대해서 성적을 부여하기<br>• 수행을 '잘했다' 또는 '못했다'로 알려주기<br>• 보상이나 처벌 주기<br>• 구체적이지 않은 칭찬이나 비판하기 |

는 이를 충분히 제공해야 할 것이다. 결국, 피드백은 학습을 개선할 수 있는 기회를 주는 데 초점을 맞추어야 한다.

둘째, 학생에게 어떤 피드백을 주고 있는지 교사 스스로 관찰하는 것이다. 보이는 것을 설명해야 한다. 학습목표에 얼마나 근접한가? 도움이 될 것 같은가?

〈표 2-10〉은 설명적이고 판단적인 피드백의 좋고 나쁜 선택의 예를 제시한다.

### 4) 유인가

피드백은 긍정적이어야 한다. 여기에서 '긍정적'이라는 것은 수행이 좋지 않은데도 불구하고 긍정적인 피드백을 주라는 것은 아니다. 이 말은 학생의 강점이 수행의 기준과 얼마나 일치하는지, 그리고 그 강점이 학생이 배우고 있는 것을 얼마나 잘 설명하는지를 의미한다. 즉, 긍정적이라는 것의 의미는 개선이 필요한 곳을 알려주고 학생이 해야 할 일을 제안하는 것이다. 올바른 제안은 하지 않으면서 잘못된 것을 찾아내는 것은 도움이 되지 않기 때문이다. 〈표 2-11〉은 피드백의 유인가(긍정적 또는 부정적)에 대한 좋고 나쁜 선택의 예를 보여 주고 있다.

### 〈표 2-11〉 피드백 유인가

목적

■ 잘 수행한 점에 대해 긍정적인 피드백을 주기 위해
■ 개선할 수 있도록 무엇을 할 수 있는지에 대한 제안을 하기 위해

| 좋은 예 | 나쁜 예 |
|---|---|
| • 긍정적으로 피드백 주기<br>• 비판을 할 때도 건설적으로 피드백 주기<br>• 어떤 처방을 내리는 것이 아니라 제안하기 | • 오류 찾아내기<br>• 잘못된 것을 설명하지만 어떻게 해야 할지에 대해서는 제안하지 않기<br>• 벌을 주거나 폄하하기 |

Tunstall과 Gipps(1996)는 초등학교에서의 관찰을 바탕으로 교사 피드백의 유형을 개발했다. 그들은 피드백을 크게 '설명 피드백'과 '판단 피드백'으로 나누었다. 긍정적인 평가 피드백에는 보상과 일반적인 칭찬 등이 포함된다. 반면, 부정적인 평가 피드백에는 처벌, 일반적인 비판 등이 포함된다. 그러나 설명적인 면에서 모든 피드백은 긍정적인 의도를 가지고 있다. Tunstall과 Gipps는 설명 피드백이 '성취 피드백'과 '개선 피드백'으로 구성된다고 밝혔다. 성취 피드백은 학생들에게 무엇이 잘 수행되었고 왜 성공했는지를 설명하거나 확인한다. 반면, 개선 피드백은 학생들이 무엇을 더 해낼 수 있고 어떤 전략으로 수행을 개선할 수 있는지 설명한다.

교사가 할 수 있는 피드백의 종류에 대한 예는 〈표 2-12〉에 초점, 참조준거의 종류, 기능 및 유인가에 대한 피드백과 함께 제시되어 있다. '좋은 피드백'과 '나쁜 피드백'으로 나열되지만 맥락에 따라 차이가 있음을 유의해야 한다. 나쁜 피드백에 대한 예는 어떤 맥락에서도 적절하지 않다. 좋은 피드백에 제시된 예시도 학생이 듣지 않으려고 할 때는 적합하지 않다.

## 5. 좋은 피드백 예시

〈표 2-12〉에서는 피드백 내용을 선택하는 것이 교사가 전달하는 메시지에 어떠한 영향을 미치는지, 학생이 어떻게 반응할지에 대한 예시를 제시하였다. 〈표 1-2〉의 피드백 분석 가이드 (미시적 관점)를 사용하여 이러한 피드백의 선택사항을 확인할 수 있다.

학생 반응은 교사의 피드백을 평가할 수 있는 궁극적인 기준이다. 우리는 학습 일화(스냅샷 관점)와 학습을 향상시키는 피드백(장기적 관점)으로 전반적인 피드백에 대해 더 이야기를 할 것이다.

〈표 2-12〉 피드백 내용의 예

| 피드백 | 초점, 참조준거, 기능, 유인가의 유형 |
|---|---|
| 각 문단은 하나의 주요한 아이디어를 가지고 있어야 하며, 그 아이디어는 주제 문장에 들어가야 합니다. | 초점 과제<br>참조준거 준거참조<br>기능 설명적<br>유인가 긍정적<br>➡ 이것은 **좋은 피드백** 사례이다. 학생이 문단에 들어가야 할 내용이 무엇인지 알고 싶어 할 경우 좋은 피드백이 된다. |
| 작성한 세부사항은 우리가 신문을 재활용해야 한다는 주장을 강력히 뒷받침합니다. 훌륭해요. 그러한 사실을 어디에서 찾았나요? | 초점 과제, 과정, 자기조절<br>참조준거 준거참조<br>기능 설명적<br>유인가 긍정적<br>➡ 이것은 **좋은 피드백** 사례이다. 결과물이 목표(세부사항을 강하게 지지) 중 하나를 충족시키고, 성공을 학생들의 노력과 연결시킨다는 것을 학생에게 확인시켜 준다(학생은 사실을 알아내기 위해 연구를 했고, 교사는 그것을 알아차렸다). |

| | |
|---|---|
| 이 보고서는 재활용에 동의하지 않은 독자를 설득하지는 못할 것입니다. 좀 더 설득력 있는 주장을 하기 위해 무엇을 더 할 수 있습니까? | 초 점 과제, 과정<br>참조준거 준거참조<br>기 능 설명적(기준과 비교하여 학생의 부족한 점을 알려주고, 학생으로 하여금 개선전략에 대해 생각해 보게 함)<br>유 인 가 비판적이지만 개선방향을 제안<br><br>➡ 이것은 **좋은 피드백** 사례이다. 학생이 더 많은 자료에서 더 많은 정보를 찾을 수 있다는 것을 교사가 믿고 있을 경우 특히 유용하다. 이러한 피드백은 학생이 자기조절을 결정하도록 한다. 만약 교사가 학생 스스로 어떤 정보를 빠트렸는지 알고 있다고 생각하지 않는다면 좋은 피드백이 아닐 수 있다. |
| 이 보고서는 재활용에 동의하지 않은 독자를 설득하지는 못할 것입니다. 환경에 미치는 영향과 재활용 비용에 대해 더 알고 싶습니다. | 초 점 과제, 과정<br>참조준거 준거참조<br>기 능 설명적<br>유 인 가 건설적 비판<br><br>➡ 이것은 **좋은 피드백** 사례이다. 자신의 보고서에 무엇이 빠졌는지 모르는 학생에게 좋은 피드백이다. 학생이 보고서를 개선하기 위해 무엇을 할 수 있는지 제안한다. |
| 반에서 가장 짧은 보고서였습니다. 충분하지 않습니다. | 초 점 과제, 과정, 개인<br>참조준거 규준참조<br>기 능 판단적<br>유 인 가 부정적<br><br>➡ 이것은 **나쁜 피드백** 사례이다. 앞의 사례와 마찬가지로 교사는 보고서에 개선이 필요하다는 내용을 전달하려고 했다. 그러나 이렇게 말하는 것은 다른 학생들과 경쟁을 유발할 수 있고(학습목표 달성을 목적으로 하는 것이 아니다), 학생이 무언가 잘못했기 때문에 수행이 부족했다는 것을 암시할 수 있다. 결국 그 학생은 개선하려는 의욕을 잃게 된다. |

| | |
|---|---|
| 이 보고서는 지난번 보고서보다 낫습니다. 우리가 신문을 재활용해야 한다고 생각한다는 것을 분명히 했습니다. | 초 점 과제, 과정<br>참조준거 자기참조<br>기 능 설명적<br>유 인 가 긍정적, 건설적 비판<br><br>➡ 이것은 **좋은 피드백** 사례이다. 이 피드백은 수행에 대한 설명적 정보를 자기참조 준거와 함께 사용하였다. 학습에 어려움을 겪는 학생에게는 수행 능력이 점차 향상되고 있음을 보여 줄 수 있는 사례이다. 이런 피드백을 통해 학생들은 다음에 제시되는 과제도 해낼 수 있다고 생각하게 될 수 있다. 또한 요점을 분명히 하는 것이 중요하다. 많은 영역에 한꺼번에 피드백을 주면 개선해야 할 것이 많아지므로 학생들이 압도당할 수 있다. 따라서 작은 단계로 나누어 피드백을 주는 것이 좋다. |
| 우리 반 보고서 중에서 최고입니다. 오늘 밤 숙제는 면제 가능합니다. | 초 점 개인(보고서가 훌륭하다고 말하지만, 그 속성은 '좋은 학생'이라고 하는 것 같다.)<br>참조준거 규준참조<br>기 능 판단적<br>유 인 가 긍정적<br><br>➡ 이것은 **나쁜 피드백** 사례이다. 학생에게 보고서에 대해 좋은 점은 알려주지 않는다. 또한 관련도 없는 다른 과제를 면제시켜 줌으로써 학생에게 보상을 하고 있다. |
| 나무로 시작하여(더 많은 나무가 아닌) 재활용 공장에서 끝나는 차트가 보기 좋습니다. 보고서에는 적절한 내용이 포함되어 있고 전반적인 주기(CYCLE)를 명료하게 잘 기술해 놓았습니다. 그 아이디어를 어떻게 생각해 냈나요? | 초 점 과제, 과정, 자기조절<br>참조준거 준거참조<br>기 능 설명적<br>유 인 가 긍정적<br><br>➡ 이것은 **좋은 피드백** 사례이다. 좋은 보고서의 특이하고 긍정적인 특징을 선택하고, 이것이 틀림없이 독창적인 생각이었을 것임을 알아차리며, 학생에게 어떻게 그 아이디어를 생각해 냈는지 되돌아보게 한다. 학생에게 자신이 사용한 전략의 이름을 지어보게 한다면 이 학생의 자기조절 능력이 강화되고 자기효능감이 향상될 수 있다. |

| | |
|---|---|
| 보고서 제출이 늦었어요. 왜 그랬나요? | **초 점** 개인<br>**참조준거** 준거참조(제 시각에 제출하는 것을 전제)<br>**기 능** 판단적<br>**유 인 가** 부정적<br><br>➡ 이것은 **나쁜 피드백** 사례이다. 물론 늦게 제출하는 것에는 문제가 있다. 그러나 학생의 입장이 되어 보라. 이 피드백이 과연 학생에게 과제를 수행해서 제출해야겠다는 동기를 부여할 수 있겠는가? |
| 보고서를 받지 못했어요. 무슨 일이 있었는지 얘기해 줄래요? | **초 점** 과정<br>**참조준거** 준거참조(제 시각에 제출하는 것을 전제)<br>**기 능** 설명적<br>**유 인 가** 과제를 제출하지 못한 이유에 대한 설명을 요청<br><br>➡ 이것은 수행이 늦었다는 메시지를 전달하기 위한 바로 위의 피드백보다는 나은 사례다. |

피드백 분석 가이드는 이 책의 5장과 6장을 읽은 후 교사의 피드백을 분석하는 데 도움이 될 것이다. 그러나 효과적인 피드백을 제공하기 위해 우리가 향하고 있는 곳을 미리 예고하는 것이 중요하다. 미시적 관점에서 체크리스트의 원칙을 따르지만 학습으로 이어지지 않는 피드백을 주는 것은 효과가 없다. 다음과 같은 결과가 나올 때 교사의 피드백은 효과적이다.

- 학생들이 배운다. 그들의 수행이 향상된다.
- 학생들은 자신이 배울 수 있고, 배우고 싶어 하며, 자신의 학습을 보다 잘 제어할 수 있다고 믿는다.
- 교실은 건설적인 비판을 포함하여 피드백이 가치 있고 생산적으로 여겨지는 장소가 된다.

초점, 참조준거, 기능 및 유인가는 피드백의 내용에 대한 선택이다. 이와 더불어 어떻게 말을 해야 하는지 결정하기 위해 피드백의 명확성, 구체성 및 어조에 대한 선택도 해야 한다. 이어지는 3장에서는 이러한 유형의 선택에 대해 설명할 것이다.

3장

# 서면 피드백

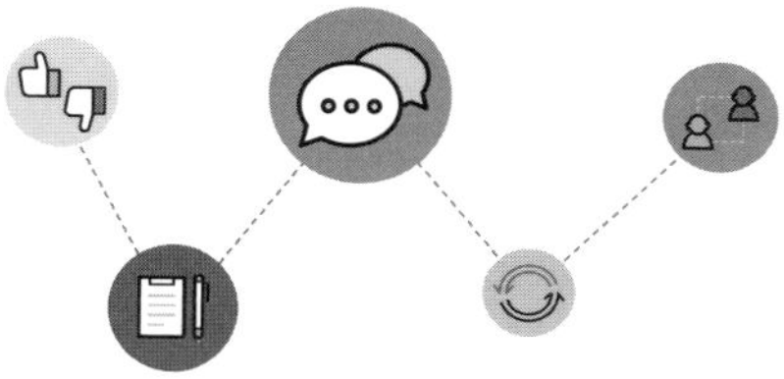

서면 피드백을 줄 때 교사가 어떤 어휘와 어조를 사용할지 선택하는 것은 매우 중요하다. 예를 들어, 학생의 작문에 제공된 두 가지 유형의 피드백을 비교해 보자. "여기는 분명하지 않네요." 그리고 "여기에서 무엇을 말하려고 하는지 잘 모르겠어요." 둘 다 똑같은 내용을 전하려고 하지만 첫 번째 피드백은 더 판단적이고, 두 번째 피드백은 더 설명적이다. 이 장에서는 의도한 피드백을 명확하게 전달하기 위한 팁과 전략을 소개할 것이다. 또한 학생의 답안에 의견을 직접 써주거나 채점기준 또는 과제 표지에 메모를 달아주는 것과 같은 서면 피드백에 대해서 논의하고자 한다.

좋은 서면 피드백을 제공하기 위해서는 서면 피드백이 실제로 읽혀지는 것 이상의 의미로도 해석될 수 있다는 점을 이해할 필요가 있다. 예를 들어, "그 주제를 선택할 때 무엇에 대해 생각했나요?" "무엇을 성취하려고 노력했나요?"라고 묻는 것은 학생이 선택을 할 때 어떤 목적을 가지고 있다는 것을 의미한다. 이 질문을 통해 학생의 선택에 대해 의논하고, 보고서가 의도한 바를 성취할 수 있을지에 대한 논의를 이어나갈 수 있을 것이다. 학생을 선택자이면서 교사와 대화할 수 있는 사람으로 간주한다는 의미이다.

이제 다음 피드백에서 의미하는 바가 무엇인지 생각해 보자. "메시지 전달용 비둘기에 관해서는 많이 알아내지 못할 거예요. 너무 좁은 주제입니다. 다른 주제를 선택하세요." 이 피드백은 학생을 수동적(교사로부터의 명령을 받는 사람)으로, 교사를 학생의 학습에 대한 책임자로 간주한다. 물론 학생의 학습을 책임지고 있는 교사의 역할에 대해 부정하는 것은 아니다. 하지만 학생과 교사의 고정된 역할 부여는 분명히 학습을 차단한다. 학생은 단지 명령을 따르게 된다. 또한 자신의 보고서나 프로젝트의 주제를 선택하려는 노력을 더이상 하지 않게 될 것이다.

이 장에서는 학생이 이해할 수 있는 단어와 문장으로 피드백을 제시하는 방법을 설명하고자 한다. 즉, 학습자의 정체성(학습을 위한 자기효능감)과 학습을 관리하는 데 적극적이고 전략적으로 학생을 돕기 위한 단어와 문장을 선택하는 것에 초점을 맞출 것이다. 그리고 가능한 한 학생이 다음에 무엇을 할 것인지 결정하는 데 도움을 줄 수 있는 피드백을 제공하는 방법에 대해 설명할 것이다.

## 1. 명확성

서면 피드백은 명확하게 작성해야 한다. 그래야만 학생이 교사의 피드백을 제대

**〈표 3-1〉 피드백 명확성**

목적

■ 학생들이 피드백을 이해할 가능성을 최대화하기 위해

| 좋은 예 | 나쁜 예 |
|---|---|
| • 단순한 어휘와 문장구조 사용하기<br>• 학생의 발달수준에 맞게 써주기<br>• 학생이 피드백을 이해하는지 확인하기 | • 어려운 어휘나 복잡한 문장구조 사용하기<br>• 학생이 필요로 하는 것보다는 교사가 알고 있는 것을 써주기<br>• 학생이 피드백을 이해한다고 가정하기 |

로 이해할 수 있다. 학생은 저마다 다양한 어휘와 배경 및 경험을 가지고 있다. 따라서 개별 학생에게 전하는 글이나 말이 명확해야 좋은 서면 피드백이라 할 수 있다. 〈표 3-1〉은 피드백 명확성에 대한 좋고 나쁜 선택의 예를 보여 준다.

## 2. 구체성

서면 피드백은 지나치게 광범위하지 않으면서 구체적이어야 하는데, 그렇다고 해서 지나치게 상세해서는 안 된다. 즉, '적절한' 수준의 구체성을 지녀야 한다. 물론 이러한 황금 비율을 맞추는 것은 생각보다 어렵다. 한 학기가 끝날 무렵, 한 학생의 보고서에 많은 피드백을 적어서 돌려준 적이 있었다. 나는 펜을 손에 들고 보고서를 읽었으며 별 생각 없이 거의 모든 철자법 오류를 바로잡아 주었다. 그런 다음 보고서를 수정할 수 있는 기회를 주었다. 하지만 그 학생은 내가 표시한 수정 사항만 고쳤다. 내가 수정한 부분에 대해서 내가 점수를 주어야 한다는 점에 상당히 화가 났지만, 어찌되었건 수정은 그 학생이 한 것이다. 나는 더 이상 과제에 대해서 추가적인 피드백을 주지 않았다. 그래서 나는 그 학생에게 다른 요구사항을 말할 수 없었고 단 10분간의 수정작업으로 학생의 보고서는 완성되었다. 나는 다시는 이렇게 하지 않을 것이다! 내가 제공한 피드백의 범위가 지나치게 좁았다. 이 이야기가 주는 교훈은 개념을 파악하게 하는 피드백을 추구해야 한다는 것이다.

물론 너무 광범위한 피드백도 좋지 않다. 예를 들어, "좀 더 내용을 보완하세요!"와 같은 광범위한 피드백은 학생에게 도움이 되지 않는다. 또 다른 막연한 피드백은 "무엇을 더 써야 할까요?" "더 열심히 노력하세요." 등이다. 무엇에 대해 더 노력하거나 더 강조 하려고 노력해야 할까? 이 두 경우 모두 교사의 피드백에 따르려고 하는 학생에게 결국 비생산적인 결과를 초래할 수밖에 없다.

서면 또는 구두 피드백 모두에서 구체적인 어휘를 사용하는 것이 좋다. "훌륭해요!"는 친절하지만 애매한 피드백이다. 하지만 "모비딕에 대한 도입문은 훌륭하네요! 이것

〈표 3-2〉 피드백 구체성

목적

■ 학생의 과제를 해 주는 것이 아니라 지도를 해 주기 위해
■ 학생이 구체적으로 다음 단계를 밟을 수 있을 만큼 구체적으로 제안하기 위해

| 좋은 예 | 나쁜 예 |
|---|---|
| • 명사와 서술적 형용사 많이 사용하기<br>• 개념 또는 기준 설명하기<br>• 학생에게 필요한 학습전략 가르쳐 주기 | • 대명사(이것, 저것) 많이 사용하기<br>• 모든 오류를 교정해 주기<br>• 모호하게 제안하기("열심히 공부하세요.") |

을 읽고 나니, 그 책을 읽고 싶다는 생각이 들어요!"라는 표현은 좋은 피드백이다. 이제 그 학생은 교사가 무엇을 훌륭하다고 생각했는지, 그리고 왜 그렇게 생각했는지 알게 되었다. 이 피드백을 통해 학생은 모비딕 소개글에 포함된 내용을 토대로 결론을 도출할 것이고, 또한 이러한 내용을 다시 활용할 것이다. 〈표 3-2〉는 피드백 구체성에 대한 좋은 선택과 나쁜 선택의 예를 보여 준다.

## 3. 어조

어조는 피드백 표현의 질을 의미하며, 어떻게 '들리는지'에 영향을 준다. 어조는 어휘 선택과 말하는 스타일에 따라 다르게 전달된다. 이는 단순한 언어적 의미 이상의 것으로, 교사가 학생에 대해 기존에 가지고 있던 생각들이 어조로 나타날 수 있다. 또한 어조는 학생에게 긍정적인 영감을 주거나 낙담시킬 수도 있다. 학생이 학습의 주인공이자 능동적인 학습자임을 표현하는 어휘를 선택하는 것이 중요하다. 말하자면, 학생은 자신의 학습이라는 배의 선장이다. 〈표 3-3〉은 피드백 어조 및 어휘 선택에 대한 예를 설명한다.

비판을 해야 할 상황에서 항상 긍정적으로 말하는 것, 또는 코웃음을 치는 것은 바람

**〈표 3-3〉 피드백을 위한 어조와 어휘 선택**

목적

■ 학습자로서 학생에 대한 존중을 전달하기 위해
■ 학생을 수동적 존재가 아닌 능동적인 학습자로 인식시키기 위해
■ 생각, 호기심 또는 궁금증을 불러일으키기 위해

| 좋은 예 | 나쁜 예 |
|---|---|
| • 능동적인 학습자라는 생각을 갖게 하는 어휘나 문구 사용하기<br>• 질문하기<br>• 궁금한 것을 공유하기 | • 수동적인 학습자라는 생각을 가지게 하는 어휘나 문구 사용하기(예: 강의, 상급자, 선생님 등)<br>• 학생에게 선택 권한을 주지 않고, 무엇을 해야 하는지 지시하기<br>• 피드백을 최종적인 전문가 의견이라고 가정하기 |

직하지 않다는 점을 명심해야 한다. 도심 공립학교에서 4학년을 가르치는 예비교사를 지도했을 때의 일이다. 그 예비교사가 "어떤 학생이 대부분을 잘못 알고 있었지만 저는 그 학생의 자존감을 위해 '잘했어요.'라고 말해줬습니다."라고 하였다. 그런데 이런 말은 학생에게 도움이 되지 않으며, 긍정적이지도 않다. 비생산적이고 진실하지도 않다. 학생이 잘못된 사실이나 개념을 옳다고 생각하게 될 수도 있다. 심지어 더 나쁜 것은, 결국 그 학생은 과제수행의 수준이 어떻건 교사가 무조건 수용할 것이라 판단하고, 칭찬은 받아야 하지만 더 잘해야 할 필요가 없다는 생각을 하게 될 것이다. 설상가상으로, 그 학생은 대부분의 대답이 틀렸다는 것을 알고 있지만 눈치 채지 못한 교사가 어리석다고 생각할지도 모른다. 그 예비교사는 그 학생으로부터 존경받을 수 없을 것이며 앞으로도 그 학생과 친해지지 못할 것이다.

그러나 '앞길을 밝힌다.'는 의미에서 긍정적인 태도를 취하는 것은 언제나 적절하다. 이러한 긍정적인 어조는 학생이 발전 가능성이 있고 받아들일 수 있음을 암시한다. Tunstall와 Gipps(1996)는 개선을 위해 제안하는 설명 피드백이 어떤 특징을 가지는가에 대한 방향을 제시하였다. 학생과 교사가 동굴에 함께 있는 상황에서 누군가 손전등을 들고 있다고 생각해 보자. 손전등을 든 사람이 일시적으로 리더이며, 어디로 갈지

알 수 있을 때까지 주변을 비춘다. 교사가 학생에게 무엇인가 잘못되었다고 말하고자 한다면, 앞으로 나아갈 길을 비추어주는 것처럼 어떻게 해야 하는지에 대한 제안을 해야 한다.

개선하는 데 사용할 수 있고 해낼 수 있다는 것을 직감할 수 있는 정보를 줄 때, 거의 모든 학생이 학습에 대한 통제감을 경험하게 될 것이라는 연구결과가 있다. 학생은 머리를 쓰다듬는 것보다 건설적인 비판과 '잘했어요!' 같은 피드백을 선호할 것이다(Gamlem & Smith, 2013). 학습에 대한 통제감은 진정한 자기효능감이며, 학습동기의 기초이다.

학생과의 대화에서 교사가 사용하는 어휘는 학생의 정체성에 영향을 준다. 따라서 교사는 학생 자신이 바로 학습의 주인으로서 존중받고 있다는 생각이 들 수 있게 하는 어휘를 선택해야 한다(Johnston, 2004). 경험적인 연구결과에 따르면 교사는 능동적이고 자기조절을 잘하는 우수한 학생과는 대화를 하는 반면, 부족한 학생에게는 무엇을 해야 하는지 자주 지시하는 경향이 있다고 한다. 한편 또 다른 연구(Allington, 2002)에서는 초등 사서 교사가 읽기 능력이 부족한 학생에게 하는 만큼 읽기 능력이 우수한 학생은 방해하지 않으며, 우수한 학생에 대한 어조는 학생이 자신의 학습에 있어 주인공임을 인식하게 하였다. 또한 사서 교사는 읽기가 우수한 학생에게 정답을 알려주거나 교정해 주는 대신 스스로 해낼 수 있도록 지지한다. 읽기가 우수한 학생에게 피드백을 전하는 기본 메시지는 '이해해 보라.'는 것이지만, 읽기가 부족한 학생에게는 '정답을 말해야 한다.'라는 것이다. Allington이 저학년 독서교실에서 연구하여 얻은 이러한 교훈은 보다 광범위하게 적용된다(Johnston, 2004). 대부분의 교사에게 물어보면, 모든 학생이 같은 방법으로 같은 내용을 배우지 않을 수 있다고 대답할 것이다. 교사의 피드백은 모든 학생에게 동일하게 전달되지 않는다. 따라서 교사는 적절한 어조와 어휘를 선택하고, 학생과 자신 있고 자연스럽게 의사소통할 수 있을 때까지 연습해야 한다.

마지막으로, 빈정거림은 피드백이 아니다. 한 영어교사는 자신이 생각하기에 '매력적'이라고 여기는 표시를 학생 에세이에 일상적으로 해 주곤 했다. 예를 들어, 학생 에세이의 여백에 'KGO'라고 써주었다. KGO는 "Keen Grasp of the Obvious(뻔한 것을 잘 이해했음)"을 의미했다. 그 교사는 영리해 보이려고 노력했지만, 효과가 없었다. 학생들은 경솔한 선생님이라고 생각했다. 만약 에세이의 내용이 진부하거나 심지어 독자들이 모욕감을 느낄 수 있음을 지적하고 싶다면, "에세이를 읽는 사람 대부분이 이미 이것을 알고 있을 거라고 생각해요." 또는 "여기에 새로운 정보를 추가할 수 있나요?"라고 말하는 것이 나을 것이다. 교사는 에세이의 완성도를 높이는 방법을 알려주기 위해 의도했을 수 있겠지만, 이 교사가 적어준 'KGO'는 "봐, 내가 얼마나 영리해?"라는 의미만을 전달할 것이다.

## 4. 서면 피드백 제공 방법

서면 피드백은 다음과 같은 여러 가지 방법으로 전달할 수 있다.

- 학생의 글이나 답안 바로 옆에 피드백 써주기
- 루브릭이나 과제 표지에 피드백 써주기
- 둘을 조합하기

첫째, 우리는 수업 시간에 선생님으로부터 돌려받은 보고서 여백에 쓰여 있던 피드백에 익숙하다. 만약 보고서 내용 중 몇 가지 구체적인 세부사항에 대해 서술해 주는 피드백이라면, 설명하고 있는 내용 바로 근처의 여백에 써주는 것이 도움이 된다. 문서 작업 프로그램에서 제공하는 메모 기능을 사용하면 이런 서면 피드백 제공이 가능하다. 보고서에 대한 전반적인 의견은 첫 부분이나 마지막 부분에 써줄 수 있다.

둘째, 점수나 등급을 매기는 과제에는 루브릭(채점기준표)이나 과제 표지 위에 피드백을 써줄 수 있다. 경험적인 연구에 따르면 학생은 교사가 제공하는 서면 피드백보다는 자신들의 점수에 보다 많은 관심을 갖고 있다. 따라서 연습과제를 하는 경우에는 점수를 부여하지 않는 것이 좋다. 그러나 기말과제의 경우 일부 학생은 점수 또는 등급의 이유를 알고 싶어 하기 때문에 서면 피드백을 제공함으로써 등급이 어떻게 결정되었는지를 설명할 수 있다. 루브릭에 메모를 달고 과제 표지를 사용하는 것은 프로젝트, 기말 보고서 및 기타 장기간에 걸친 과제에 유용하다. 좋은 피드백은 총괄평가 상황에서도 형성적인 기능을 할 수 있다. 수정하여 다시 제출하는 것이 가능하거나 유사한 과제를 부여할 경우 특히 유용하다. 그렇게 하면 학생은 피드백을 사용하여 학습에 도움을 얻을 수 있다.

마지막으로, 이러한 전략들을 결합할 수도 있다. 예를 들어, 과제 표지에 메모를 작성할 수 있고, 더 긴 과제의 경우 여러 세부사항에 대해 보고서 본문에 피드백을 적어줄 수도 있다.

### 1) 학생들 답안 옆에 피드백 써주기

〈표 3–4〉의 예는 미국 국가수준 학업성취도 평가(National Assessment of Educational Progress)의 8학년 쓰기 문항 중 하나이다. 이 글을 8학년 영어 수업에서 작성된 한 학생의 초안이라고 생각해 보자. 첫 번째 피드백은 글을 구성하는 과제에 대한 것으로 긍정적인 부분에 초점을 맞추었다("시간대별로 구성한 방식이 마음에 들어요."). 두 번째 메모는 과제와 과정 모두에 초점을 맞추고 있다. 이 메모는 학생에게 좀 더 자세한 내용과 복잡성을 묻고 각각의 짧은 문단에 약간의 세부사항을 추가할 것을 제안한다. 이는 준거참조 피드백이 된다. 체계적인 구조와 세부사항의 사용은 좋은 글쓰기의 특징이자 학습목표의 일부분이다.

적어도 일부 문단에서 세부사항을 추가하고 복잡성을 증가시켜 두 번째 초안을 작성하는 것은 이 학생에게 쉬운 일이어야 한다. 이 건설적인 비판은 앞으로 나아갈 길을 밝혀준다. 만약 이 피드백이 학생과 대화를 나누는 기초가 된다면(4장 참조) 교사는 더욱 구체적인 내용을 덧붙일 수 있다(예: "어떤 종류의 문서에 서명했나요?" "어떤 종류의 목표가 국가에 좋을 것이라고 생각하나요?"). 이와 더불어 교사는 감탄을 표현하기 위해 느낌표를 남용한 것에 대하여 부수적인 피드백을 줄 수도 있을 것이다.

〈표 3-4〉 8학년 학생의 글 옆에 서면 피드백을 남긴 예

| 쓰기 과제: 여러분이 어느 날 아침 일어나 보니 미국의 대통령이 되었습니다. 대통령이 된 첫날의 이야기를 써보십시오. | |
|---|---|
| 길었지만 정말 멋진 하루를 보냈다, 정말 좋았다! 타원형의 사무실에 익숙해지는 것으로 시작되었지. 사무실은 정말 컸다! 그리고 의자는 여태까지 앉아 본 것 중 가장 편안한 것 같았다.<br>나는 너무나 많은 문서에 서명해야 하기 때문에 실제로는 많은 것을 할 수 없었다! 일을 끝내자 손이 너무 아팠다! | 시간대별로 글을 구성한 방식이 마음에 들어요. |
| 그 다음에는 기자회견장으로 갔다. 나는 어디서 태어났는지부터 대학 학위까지 모든 것에 대해 질문을 받았다. 고맙게도 잠시 후에는 부통령이 질문 공세를 받는 것을 앉아서 지켜보았다.<br>그리고 나는 의회, 상원, 그리고 내가 고용한 다른 동료들을 만나러 갔다. 정말 거만한 한 여자를 제외하고는 모두 매우 멋져 보였다. 나는 그녀가 나에게 투표했다고 생각하지 않는다! | 대부분의 문단이 2문장으로 구성되어 있네요. 이건 지나치게 단순해요.<br>이 부분은 디테일이 좋네요. 다른 문장에서 좀 더 자세히 설명해 줄 수 있나요? |
| 그 다음에 우리는 정말 멋진 이탈리아 레스토랑에 저녁을 먹으러 갔다. 스파게티는 맛있었다. 가족들과 이야기를 나누게 되어 정말 좋았다.<br>그리고 나는 부통령과 회의를 해서 우리가 스스로, 국가를 위해 어떤 목표를 얻고자 하는지 알아보았다.<br>마지막으로 나는 아이들을 침대에 눕히고 잠자리에 들었다. 내 대통령 직은 훌륭했다! | |

출처: National Assessment of Educational Progress, sample items. Available: http://nces.ed.gov/nationsreportcard/itmrls/

## 2) 루브릭에 피드백 써주기

한 사회교사는 미국 혁명기와 관련하여 학생이 선택한 주제에 따라 4명씩 모둠을 만들어 발표를 하도록 했다. 교사는 각 모둠이 자신에게 중요한 주제를 결정하고, 도서관에서 자료를 찾고 연구를 진행한 후, 그들의 연구결과를 발표하는 순으로 수업을 진행할 것이라고 이야기했다. 발표는 상호작용하는 방식으로 진행되며 학급 학생들은 어떤 방식으로든 참여하게 된다(예: 질문하기나 시연 도와주기).

과제를 부여하기 전에 교사는 학급 학생들에게 좋은 발표를 할 수 있는 방법에 대해 브레인스토밍하게 한다. 학생들은 좋은 발표의 특징을 칠판에 쓰고, 발표를 준비하는 데 사용해야 할 기준이자 교사의 채점기준이 되는 루브릭을 작성한다. 교사는 이 루브릭을 한 페이지 분량의 유인물로 만들어 과제를 시작할 때 각 학생에게 나누어 준다. 또한 성적 산출 시, '내용 점수'가 '발표 점수'의 두 배 정도 될 것이라고 말해 준다. 한편 학생들은 발표를 계획할 때 다음과 같은 질문을 스스로에게 할 수 있도록 유인물을 참조한다. "조지 워싱턴이 왜 공부해야 할 중요한 인물인지 설명할 수 있나요? 왜 그가 미국 혁명에서 중요한지 설명할 수 있나요?"

각 모둠이 발표할 때, 교사는 루브릭에 학생의 이름을 추가하고 메모를 작성한다. 교사는 각 모둠에 보고서를 나눠 주며, 이상적으로는 학생들에게 검토할 수 있는 시간을 제공할 수 있다. 또한 발표를 하는 모둠 학생 또는 다른 학생들에게 루브릭에 기록을 하게 하고 피드백을 비교해 보도록 할 수 있다. 모둠원은 다음 발표를 준비하기 위해 피드백을 사용하게 될 것이다.

〈표 3-5〉는 이러한 메모가 어떻게 사용되는지 보여 준다. 이 표는 학생이 만든 루브릭이고, 이 유인물에 교사 피드백이 메모 형식으로 작성되었다. 교사의 관점에서 주목할 점은, 처음부터 글로 써주는 것 대신 루브릭에 메모를 달아주는 방식에는 몇 가지 장점이 있다는 것이다. 첫째, 루브릭은 각 발표가 동일한 기준에 따라 평가될 수 있도록 보장한다. 둘째, 루브릭을 통해 학생을 위한 피드백을 구성한다. 학생은 기준과 함께 피드백을 읽을 수 있다. 셋째, 루브릭에 내용이 적혀 있기 때문에 교사는 같은 것을 반복해서 다시 작성할 필요가 없다(예: "내용은 의미가 있으며 작성한 정보는 분명하고 완벽합니다"). 따라서 교사는 각 발표에 맞는 구체적이고 의미 있는 세부 정보에 대한 피드백을 제공하는 데 더 많은 시간을 할애할 수 있다.

〈표 3-5〉 학생들이 개발한 루브릭과 교사의 서면 피드백 예시

| | 발표 | 내용 |
|---|---|---|
| | • 전달력<br>• 시각화<br>• 청중에 대한 고려 | • 내용<br>• 명확성<br>• 중요성 |
| **우수함**<br>반 학생들이 즐겁게 참여함! 워싱턴의 초기 생애에 대한 정보는 매우 흥미로웠음. | -눈 맞춤이 빈번함<br>-화면구성과 소리 크기가 적절함<br>-시각 자료, 유인물(사용할 경우)은 내용을 의미 있게 전달함<br>-청중이 한 번 이상의 상호작용, 질문 또는 토론에 참여함 | -의미 있는 내용임<br>-정보가 명확하고 완벽함<br>-주제의 중요성(선정 이유)에 대해 완벽하게 설명함 |
| **적절함**<br>반 학생들에게 박수를 치라고 하고, 자신들이 좋아한 부분이 무엇인지 말해 보라고 요청했음. 학생들은 주제 자체에 참여하지 않았음. 또한 조지 워싱턴이 혁명에서 한 일에 대해 더 듣고 싶었음. | -가끔 눈 맞춤을 함<br>-화면구성과 소리 크기가 대부분 적절함<br>-시각 자료, 유인물(사용할 경우)은 다소 의미 있음<br>-빈번하지는 않지만 청중이 참여함 | -의미 있는 내용이 일부 있음<br>-일부 정보가 명확하고 완벽함<br>-주제의 중요성(선정 이유)에 대해 설명함 |
| **부적절함** | -눈 맞춤이 빈번하지 않음<br>-화면구성과 소리 크기가 적절하지 않음<br>-시각자료, 유인물(사용할 경우)이 의미 없음<br>-청중이 참여하지 않음 | -의미 있는 내용이 약간 있음<br>-정보가 불명확하고 불완전함<br>-주제의 중요성(선정 이유)에 대해 설명하지 않음 |

### 3) 과제의 앞표지에 피드백 써주기

보고서나 프로젝트를 채점할 때 부분점수를 허용하는 경우에는 과제 표지(cover sheet)에 피드백을 써주는 것이 적합하다. 앞의 예에서 제시한 루브릭과 마찬가지로 학생의 질 높은 수행을 기대하는 데 초점을 맞출 수 있도록 과제를 부여할 때 과제 표지를

제공하는 것이 좋다. 반복되는 과제일 경우 표준 과제 표지를 사용할 수 있다. 이것은 학생이 질 높은 수행을 일반화하는 데 도움이 될 것이다. 독서 감상문, 연구 보고서 및 실험 보고서 또한 이러한 방식으로 수행할 수 있다. 〈표 3-6〉은 실험실에서 사용할 수 있는 실험 보고서 표지이다.

과제 표지에는 메모가 달린 루브릭과 마찬가지로, 준거가 이미 표지에 인쇄되어 있다는 사실은 교사가 기준을 반복하지 않고 각 학생을 위해 구체적인 내용을 써줄 수 있다는 장점이 있다. 한 실험에서 학생이 받은 피드백은 다음 실험을 위해 필요한 정보를 제공할 수 있다. 예를 들어, 이러한 과제 표지는 100명이 넘는 고등학생을 담당하는 과학교사가 실험에 대한 서면 피드백을 제공할 수 있게 해 준다. 〈표 3-6〉과 같이 교사는 세 문장으로 이 학생을 지도할 수 있다.

기준이 작성되어 있는 과제 표지는 피드백 기준을 유지하는 데 도움이 된다. 또한 과제 표지는 과제와 과정에 대한 피드백의 초점을 유지하는 데 도움이 된다. 교사가 표지에 적절한 설명적 의견을 쓰고 약점뿐만 아니라 강점에 관해서도 적어 둔다면 피드백은 매우 도움이 된다. 교사는 다음번에 코칭 형태로 구두 피드백을 제공할 수도 있다. 〈표 3-6〉의 피드백에 따르면, 결과의 분석 및 표현은 실험의 목적 또는 가설과 일치해야 하며 이 경우에는 시간 경과에 따른 꺾은선 그래프가 적합하다고 했다. 다른 실험 보고서에서는 시간 경과에 따른 꺾은선 그래프가 적절한 표현방식이 아닐 수 있지만 실험 목적에 부합되도록 실험결과를 제시해야 한다는 원리는 여전히 적용될 것이다. 교사는 이 보고서의 특정 그래프에 대한 필요성뿐만 아니라 위와 같은 원리를 학생들이 이해했는지 확인할 수 있다.

일부 연구(Shute, 2008)에 따르면 교사의 피드백을 서면으로 제한해서는 안 되며, 다른 유형의 피드백도 활용해야 함을 강조하였다. 이 가운데 구두 피드백은 교실 피드백의 일반적인 형태이다. 구두 피드백은 명확성, 구체성, 지지하는 어조 및 어휘 선택에 대한 필요성과 같은 많은 특징이 서면 피드백과 유사하며, 몇 가지 독특한 측면도 가지고 있다. 4장에서는 구두 피드백에 대해 논의할 것이다.

### 〈표 3-6〉 실험 보고서 표지와 교사의 서면 피드백

이름 ____________________　　　　　　　　날짜 ____________________

반 ____________________

| 구분 | 평가 기준 | 점수 | 피드백 |
|---|---|---|---|
| **서론** | • 주제에 대한 배경정보의 명확성, 정확성, 적절성<br>• 실험 목적 및 가설의 명료성, 표현방식의 적절성 | 15/15 | |
| **방법** | • 재료 설명의 명확성, 정확성, 완결성<br>• 절차 설명의 명확성, 정확성, 완결성<br>• 절차 도식화의 명확성, 정확성, 완결성(필요한 경우) | 15/15 | |
| **결과** | • 데이터 제시(표, 그래프)의 적절성, 명확성, 완결성<br>• 그림(필요한 경우)의 명확성, 가독성, 완결성<br>• 표, 그래프, 그림의 범례에 적절한 단위 표기<br>• 표, 그래프, 그림 제목의 적절성<br>• 실험 과정에 대한 진술<br>• 데이터 분석방법, 결과 표, 그래프, 그림에 대한 진술 | 10/15 | 시간 경과에 따른 습도 변화를 알려줄 수 있는 꺾은선 그래프를 넣어주세요(x 축은 날짜)!<br><br>요약 통계치를 제시한 점은 좋았으나, 이 실험에서는 시간에 따른 변화를 알아보는 것이 더 중요해요! |
| **결론** | • 가설 또는 연구 주제에 따른 결과 논의<br>• 논리적인 결론 제시<br>• 연구 결과의 중요성(주제 영역에서 일반적인 원리와의 관계)에 대한 논의<br>• 연구의 제한점과 오류의 원인에 대한 논의<br>• 후속 실험에 대한 제안(적절한 경우) | 15/15 | 실험에 대해 잘 이해하고 있네요! |
| **참고문헌** | • 필요 시 참고문헌 제시<br>• 참고문헌 형식의 적절성 | – | |
| **총점**(60점 또는 65점, 참고문헌이 필요한지에 따라 다름) | | 55/60<br>92% | |

4장

# 구두 피드백

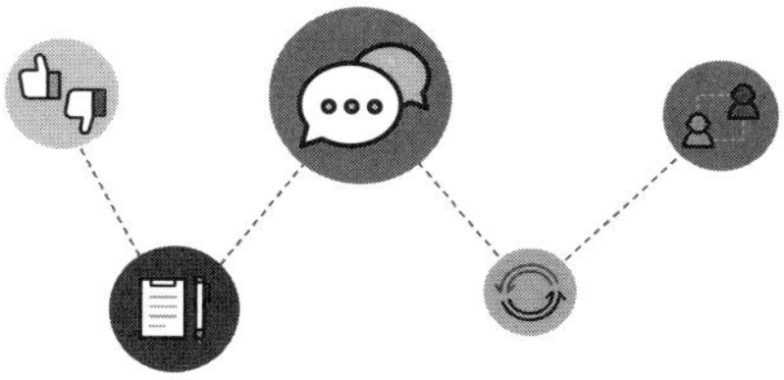

구두 피드백은 서면 피드백과 마찬가지로 어휘 선택 문제에 주의를 기울여야 하지만 특히 언제, 어디에서 피드백을 주어야 할지에 대한 고려가 필요하다. 교사는 학습준비가 되어 있는 학생들에게 적시적소에 구두 피드백을 제공할 필요가 있다. 구두 피드백은 크게 두 가지 유형으로 나뉘는데, 먼저 학생 개인별로 피드백을 전달하는 '개별 구두 피드백'은 다른 피드백에 비해 매우 공식적이고 구조화된 형태(교사-학생 간 면담)부터 비공식적인 형태(학생 옆자리에 가서 조용히 말해 주기)에 이르기까지 그 범위가 넓다. 한편 집단에게 제공하는 피드백, 즉 '집단 구두 피드백'은 반 전체 학생들이 공통적인 오개념을 갖고 있을 때 유용하게 사용할 수 있다. 이 장에서는 개별 및 집단 구두 피드백에 대하여 다루고자 한다.

피드백 내용 측면에서 유의할 사항은 구두 피드백이나 서면 피드백 모두 동일하다. 즉, 피드백의 초점, 참조준거, 기능, 유인가, 명확성, 구체성 및 어조 등을 구두 피드백에서 동일하게 고려해야 한다. 한 가지 차이점은 구두 피드백의 경우, 피드백을 결정할 시간이 상대적으로 짧고, 일단 말하고 나면 되돌릴 수 없다는 점이다.

## 1. 개별 구두 피드백

개별 피드백의 장점 중 하나는 학생의 특정한 학습 요구에 대하여 구체적인 피드백을 줄 수 있다는 점이다. 학생의 수행이나 과제에 대한 구체적인 피드백을 줄 때, 정보 그 자체가 유용하기 때문이다. 또 하나의 장점으로 개별 피드백은 개인적으로 제공된다는 점을 들 수 있다. 일반적으로 개별 피드백을 제공하면 동료의 반응에 대해 걱정할 필요가 없다. 따라서 교사는 개별 피드백을 통해 자기방어와 체면 세우기 등으로 과제를 회피하는 학생들에게 도움을 줄 수 있다.

구두 피드백은 종종 학생들의 학습활동 중에 비공식적으로 주어지지만, 최종 과제물(저학년 학생들) 또는 수업 중 면담(모든 연령대 학생들)에서의 교사 의견은 공식적으로 제공되는 구두 피드백이라고 할 수 있다. 반면, 고학년의 최종 과제물에 대한 피드백은 구두보다는 서면 피드백이 유용할 수 있다. 서면 피드백이 보다 영구적이기 때문에 학생들이 이를 검토해 보고 추후 다시 활용할 수 있기 때문이다.

구두 피드백은 종종 학생들의 수업참여를 관찰할 수 있는 기회가 된다. 교실에 있는 학생들은 토론하려는 과제에 대해 생각하지 않고, 하고 싶은 게임이나 친구와의 대화에만 관심을 가질 수 있다. 따라서 교사는 언제, 어느 시점에 피드백을 제공할지 고려해야 한다. 수업 중에는 학생과 개별적으로 대화를 하기에는 어려움이 있으나 활동이 끝난 후 정리단계와 같이 전환의 시간이나 자습시간 등이 좋은 기회가 된다. 특히 자습시간에 다른 학생들이 과제에 집중하고 있고 교사가 하는 이야기가 잘 들리지 않는 거리에 있다면 학생 개별적으로 건설적인 비판을 해 주는 것도 괜찮다.

개별 피드백을 제공하는 방법은 크게 세 가지가 있으며, 이를 구체적으로 설명하면 다음과 같다.

- 조용히 개별 학생 자리로 가서 피드백 전달하기
- 비공식적으로 혹은 공식적으로 학생들을 교사의 자리로 오게 해서 피드백 전달하기

• 수업시간 이외(혹은 방과 후)에 특정한 약속시간을 잡아서 피드백 전달하기

### 1) '신속-조용한' 피드백

'신속하고 조용한' 피드백은 학생이 필요를 느낄 때 제공되는 즉각적인 피드백이다. 이름에서 알 수 있듯이, 이러한 피드백은 신속하며 학습과정의 특정 시점일 경우가 많다. 대부분의 학생은 학습활동 중이기에 한 학생이 갖는 특정 어려움을 반 전체에 널리 알릴 필요는 없다. 이와 같은 지도는 일상적이어야 하며 모든 학생에게 일어나야한다. 그렇지만 교사가 말하기를 멈추었을 때 학생이 자신의 수행에 잘못된 점이 있다고 느끼지 않도록 주의해야 한다.

신속하고 조용한 피드백은 다양한 수업에 도움이 된다. 학생이 자습을 할 때 교사는 활동모습을 관찰할 수 있다. 교실의 앞쪽에 앉아 학생의 행동을 관찰하며 과제에 집중하고 있는지 확인해 보자. 활동을 관찰하려면 제출물이나 프로젝트 및 학생이 과제에 접근하는 방법 등을 면밀히 관찰해야 한다.

예를 들어, 초등학교 교사는 받아내림을 처음으로 배우는 학생을 가르치기 위해 다음과 같이 두 자릿수에서 한 자릿수를 빼는 간단한 문제를 사용할 수 있다.

$$\begin{array}{r} 25 \\ -\ 9 \\ \hline \end{array}$$

교사는 기본 10개의 수막대를 재배열하면서 이 과정을 설명할 수 있는데, 학생들에게 연습할 기회를 제공하고 활동 과정을 관찰하면서 학생들이 주저하는 장면을 찾아야 한다. 그러나 간혹 학생이 단순히 휴식을 한 것이지 활동에 대해 주저하지 않았을 수도 있기에 교사는 학생에게 "무엇을 하고 있는지 말해 줄래?"라는 말 등으로 피드백을 시작할 수 있다.

교사는 학생의 활동에 대한 관찰과 첫 피드백에 대한 응답을 통해 학생의 수준에 대한 실질적인 정보를 얻을 가능성이 크다. 예를 들어, 만약 교사가 받아내림이 문제라는

것을 알게 되면 새로운 문제를 가지고 시범을 보이며 이렇게 말할 수 있다. "일의 자리에 무엇을 더하든, 십의 자리에서 빌려 와야겠지. 그럴 때 어떻게 되는지 봐."

또한 신속하고 조용한 피드백은 흥미롭거나, 색다른 활동을 다룰 수 있다("너의 그림에 대해서 말해 주렴. 선생님은 저 개의 얼굴에 정말 흥미를 느껴. 그것은 무엇을 의미하니?"). 이 역시 신속하고 조용해야 한다. 이는 한 학생과의 개별적인 대화이며 대부분의 학생들은 자신의 활동에 대해 교사와 사적인 대화를 나눈 기회를 소중하게 여길 것이다.

## 2) 수업시간 중 면담

신속하고 조용한 피드백과는 달리 수업시간 중 면담은 즉흥적인 것이 아니다. 수업시간 중 면담은 수업 시간 내에 학생의 활동에 대해 개별적으로 교사와 만날 수 있도록 계획된다. 교사와 학생은 사전에 활동을 검토하므로 그것에 대해 논의할 준비가 되어 있다는 점에서 학습의 결과물과 활동 과정 모두에 중점을 둘 수 있고 어떤 주제에도 적합할 수 있다.

글쓰기에 대한 면담은 다양하게 행해질 수 있는데 그 예로 교사와 학생 간의 대화를 살펴보자(Johnston, 2004, p. 25의 아이디어에 기반함). 다음의 대화는 글쓰기 능력이 보통(2장의 〈표 2-5〉, '점심시간')인 학생에게 글쓰기 능력이 우수한 학생에게 주는 수준의 피드백을 적용한 사례이다.

교사: 점심시간의 좋은 점에 대해 적었군요. 이 단락에 무엇을 넣을지 어떻게 결정했지요? [교사는 사실이 아닌 말을 하지 않고 긍정적인 어조로 시작한다(예: 교사는 훌륭한 단락이라고 말하지 않았다). 학생에게 "어떻게…"라고 질문을 시작하는 것은 학생을 자신이 학습의 주체라고 생각하도록 하는 것이며 학생이 결정을 내려 이 부분을 수행하게 했다는 것을 의미한다.]

학생: 저는 점심식사에 제가 가장 좋아하는 것을 골랐어요. 저는 음식을 좋아하고 급식 조리사분들을 좋아해요. 제 이모도 조리사예요. [학생들은 '자신'이 한 것에 대

해 반응한다. 학생의 글은 자신이 직접 만든 작품이라는 것을 깨닫게 된다. 단순해 보이지만 많은 학생이 자기가 쓴 글의 주인이 본인이라는 것을 깨닫지 못한다. 학생들은 자신의 글이 직접 창작한 것이 아니라 교사가 내준 숙제를 했을 뿐이라고 생각한다. 그리고 이러한 깨달음을 표현할 기회가 주어지지 않는 학생들은 자신을 학습의 주체가 아니라 대리자로 인식하게 된다.]

교사: '점심 때 어떤 음식을 먹나요?' '친구들은 어떤 음식을 먹나요?'처럼 음식에 대해 자세히 생각해 보면 더 좋은 글을 쓰는 데 도움이 될 거예요. [교사는 학생이 이미 중요하다고 생각한 점에 대해 더 자세한 내용을 물어본다. 이것은 '설정'이 아니다. 글에서 이미 학생이 음식을 좋아한다고 말했다.]

학생: 저는 피자를 최고로 좋아해요. 햄버거도 좋아해요.

교사: '지금 말한 내용은 어느 단락에 넣을 수 있을까요?' [다시 한번, 교사는 학생에게 결정하게 한다. '음식에 대한 모든 정보를 모아 보세요.'라고 말하지 않는다.]

수업이 진행되는 동안 일어난 잠깐의 상호작용이었다면 대화는 여기서 멈출 수도 있다. 중요한 점은 학생의 결정이 더 좋은 글을 만들어 냈다는 것이다. 만약 이 상황이 교사의 자리에서 이루어진 대화였다면 다른 학생들이 글을 쓰고 있는 동안 '점심시간'과 관련된 또 다른 내용의 대화가 계속될 수도 있었을 것이다.

학생: 모르겠어요.

교사: 조금 전 나눴던 음식 이야기는 어때요? [교사는 개선안을 제안했다. 명령조가 아니라 학생을 배려하며 제안하는 어조이다.]

학생: 좋아요.

교사: 소음에 대해서 쓴 부분에 세부내용을 추가할 수 있어요. 소음이 어땠는지 좀 더 자세히 설명할 수 있을 거예요. 어떤 소음이 들리죠? [교사는 더 나은 글을 위해 세부적인 내용에 대해 또 다른 제안을 한다.]

학생: 대부분의 아이들이 큰 소리로 이야기해요. 아이들이 너무 많아서 한꺼번에 이야

기하면 듣기 힘들어요.

교사: 테이블이 많은 큰 공간에 대한 문장 역시 소음과 관련된 것이군요. [교사는 대화를 이어간다.]

학생: 네. 소음과 관련된 단락에 이 문장을 넣을 수 있겠어요. [학생이 대화를 이어간다.]

교사: 좋은 생각이에요. 아이들이 소리 지르는 내용도 덧붙일 수 있겠네요. [교사의 의견은 학생을 다시 글쓰기의 주체로 간주한다. 학생은 '좋은 아이디어'를 가지고 있었다. 교사가 관련성을 제안했지만 설정은 아니며 학생이 문장을 추가하기로 결정했다. 그런 다음 교사는 개선을 위해 밀접하게 관련된 다른 제안을 한다.]

교사: 글을 수정해 보겠어요? [교사는 학생에게 피드백을 사용할 수 있는 기회를 준다.]

학생: 네, 잘할 수 있을 것 같아요. [학생은 불확실하지만 통제감('내가 할 수 있을 것 같다.')을 가지고, 노력하겠다는 의지를 표현한다. 학생이 이 대화에서 나온 피드백을 통합한다면, 결과적으로 글은 더 좋아진다. 수정에 대한 피드백은 세부 내용을 추가하는 수정 전략과 학생의 노력이 더 좋은 글을 만들 수 있다는 것에 주목해야 한다.]

글쓰기에 관해 개별 학생과 나누는 면담은 포트폴리오 활동에서도 활용될 수 있다. 한 편 이상의 글쓰기는 교사와 학생이 활동결과를 폭넓게 관찰할 수 있도록 해 준다. 다음과 같이 권유형 서술을 사용하여 포트폴리오에 관해 면담을 시작할 수 있다 (Johnston, 2004의 아이디어에 기반함).

- 포트폴리오를 살펴보자. [이러한 일반적인 진술은 학생을 학습상황에 초대한다. 어조는 호의적이다.]
- 무엇에 대해 먼저 이야기하고 싶니? [이 의견은 처음에는 학생을 논의 주체로 배치시킨다. 이 면담은 학생의 학습에 관한 것이다.]
- 이 작품들 중 어느 것이 가장 자랑스럽니? [이 의견은 학생이 자신의 작품을 판단할 수 있다는 것을 암시한다. 또한 학생에게 자부심을 느낄 수 있도록 해 주는데, 내적 통제소재에 귀인할 수 있도록 해 준다(학생은 교사의 외부 판단에 따라 어떤 부분이 좋은지 이야

기한 것이 아니기 때문에 자신의 결정에 자부심을 느낀다.)]

이 대화는 자기조절능력을 강화하기 위해 시작되었고, 준거참조적이고, 설명적이며, 명확하고 구체성을 띠는 과제와 과정에 초점을 맞춘 긍정적인 피드백을 이끌어 낸다.

- 마지막 질문에 대한 답변이 끝난 후, 학생이 왜 자부심을 느끼는지(학생이 말하지 않았다면) 물어보거나 필요에 따라 추가 설명을 요청해야 한다. 학습목표 도달을 확인할 수 있는 우수한 활동의 특성과 학생이 얼마나 잘 수행했는지를 연결지어 이야기해야 하며 발전을 위한 제안을 하고 다음과 같은 질문을 해야 한다.
  - » 이 작품에 어떤 패턴이 보이니? [이 의견은 학생이 다시 한번 자신이 학습의 주체라는 점을 인식하게 한다. 학생은 패턴을 인식할 수 있고 나아가 뭔가를 할 수 있다고 생각한다.]
- 학생이 대답한 후에는 학습목표와 연계된 패턴에 대해 좀 더 의논해야 한다. 만약 학생이 과제에서 중요한 패턴이나 특성을 찾아내지 못할 경우, 학생의 반응을 먼저 살피고 추가적인 이야기("여기에서 발견한 것이 있는데…")를 덧붙일 수 있을 것이다.

### 3) 수업시간 외 면담

만약 학생이 수업시간에 정해진 과제를 해결하지 못해 어려움을 겪고 있다면 교사는 수업시간 외에 면담 기회를 마련할 수 있다. 마찬가지로, 학생이 수업시간보다 더 많은 시간이 소요되는 수준 높은 과제를 하고 있다면, 특별히 시간을 더 제공할 수 있다. 수업시간 외 면담은 수업 전이나 방과 후, 쉬는 시간, 또는 별도로 시간을 내어 실시할 수 있다.

이러한 수업시간 외 면담은 다른 종류의 피드백 전략에 적용되는 것과 같은 피드백 내용(초점, 참조준거, 기능, 유인가, 명확성, 구체성 및 어조)에 대해 동일한 원칙을 따라야 한다. 그리고 학생들이 피드백을 어떻게 받아들일 것인가를 판단하여 신중하게 제공해야 한다. 한 중학교 교사가 어려운 과제를 다루는 수업에서 학생의 과제 중 일부를 돕기 위해 좋은 의도로 방과 후에 남아 달라고 부탁한 적이 있다. 그러나 그 학생은 자신이 과제를 잘 수행하지 못해 벌을 받고 있다고 느꼈다. '방과 후에 남는 것'은 학생들에게 '벌'을 의미한다. 학교 문화에 따라 수업시간 외 면담을 유리하게 사용할 수도 있고 그렇지 못할 수도 있다.

때로는 뜻밖의 상황을 수업시간 외 면담의 기회로 이용할 수 있다. 예전에 나에게도 그러한 기회가 있었지만 활용하지 못한 적이 있었다. 어느 해 3학년을 가르쳤었는데, 학생 한 명이 길 건너에 살고 있었다. 그의 부모님은 학교가 시작되기 30분 전쯤에 일하러 갔고, 그 학생은 운동장에 와서 30분 동안 무료하게 시간을 보내곤 했다. 내가 이런 상황을 고려했었다면 아침시간에 이 학생에게 학습과 관련된 피드백을 줄 수 있었을 것이다.

## 2. 집단 구두 피드백

집단 피드백은 매 수업마다 나타나는 수업의 일부라고 볼 수 있다. 예를 들어, 수학 수업에서는 대체로 지난 과제를 검토하면서 수업을 시작한다. 물론 집단 피드백의 경우에도 (우리가 앞서 다루었던) 피드백 메시지의 초점, 참조준거, 기능, 유인가, 명확성, 구체성 및 어조에 대한 원칙이 동일하게 적용된다. 또한 집단 피드백은 과제 자체와 과정에 집중해야 하며, 문제를 해결하기 위한 방법을 찾아내거나 질문에 대해 응답할 때 어떤 점을 잘 해냈는지 설명해야 한다. 이때 설명은 긍정적이고 명확하며 구체적이어야 한다. 또한 전년도 학생들이나 다른 학급 학생들과의 경험을 토대로 어떤 내용을 다시 가르쳐주거나 검토해 보아야 하는지를 파악할 수 있다. 예를 들어, 많은 학생이 비슷한 유형의 오류를 범했거나 동일한 부분에서의 복습이 필요한 경우, 수업시간을 좀 더 가질 수 있다. 이는 시험지나 숙제를 채점한 후 돌려줄 때 자연스럽게 이어질 수 있다. 즉, 수업 중에 많은 학생이 어려움을 겪고 있는 개념이 있다면 별도의 시간을 할애할 수도 있다.

다음은 집단 피드백을 제공하는 방법에 대한 것이며, 이를 구체적으로 살펴보도록 하자.

- 수업 초반에는 지난 수업에 대한 피드백을 제공하라.
- 복습 또는 재설명 수업 시 동일한 학습목표에 다시 집중하는 이유를 설명하고, 이전 학습과 연계하여 학생들이 달성해야 할 목표를 설정하라.
- 학생의 수행과정을 관찰하거나 녹화하라.
- 시험 또는 과제를 돌려줄 때 전반적인 강점과 약점을 요약해 주어라.

### 1) 지난 수업에 대한 피드백으로 수업 시작하기

교사는 다양한 전략을 사용하여 수업을 시작할 수 있다. 이러한 전략은 교수계획이나 교수법과 관련하여 다양한 이론을 토대로 제안되고 있다. 단순히 칠판에 수업목표를 적는 방식에서부터 학생들의 주의와 관심을 불러일으킬 수 있는 특별한 활동을 부여하는 것과 같은 창의적인 방식 등이 있다. 그러나 지난 수업에 대한 집단 피드백을 제공하면서 이전 수업의 내용을 현재 수업으로 확장시키는 방법은 수업을 시작하는 강력한 전략 중 하나라고 할 수 있다.

이 접근법에는 두 가지 장점이 있다. 첫째, 좋은 피드백은 학습 과제와 과정에 초점을 두어야 하며, 학습목표와 직접적으로 관련이 있어야 한다. 교사가 이전 수업에 대해 피드백을 줄 때, 학생에게 필요하다고 생각하는 부분에 초점을 두기 때문에 좋은 피드백의 특징을 지니게 되는 장점이 있다. 둘째, 좋은 피드백은 학생이 수행한 과제와 과정에 대한 내용을 포함해야 한다. 집단 피드백은 학생의 수행에 대해 의견을 주는 것이므로, 학생은 교사의 피드백에 집중하게 될 것이다.

예를 들어, '행성'과 관련된 단원을 가르치고 있다고 가정해 보자. 이전 수업은 자전축을 중심으로 회전하는 자전과 태양 주위를 도는 공전을 포함한 행성의 움직임에 대해 질문하고 답하는 것이었다. 학생들의 응답은 일정한 패턴을 나타냈다. 대체로 학생들은 자전보다 공전을 훨씬 더 잘 이해했다. 또한 궤도가 타원이고, 태양에 가까운 행성이 멀리 있는 행성보다 궤도에서 더 빨리 움직이며, 모든 궤도가 같은 방향으로 움직인다는 것을 이해했다. 그러나 자전과 관련된 문제에는 잘 대답하지 못했다. 행성이 태양을 공전하고 있다는 사실과 별개로 자전하고 있다는 생각은 수업에서 잘 나타나지 않았고, 학생들은 자전과 관련된 문제를 해결할 수 없었다.

이 경우, 교사는 행성의 움직임을 이해하는 것이 학습목표임을 상기시키며 수업을 시작할 수 있다. 또한 이전 수업에서 학생들이 자전보다 공전을 더 잘 이해하고 있었다는 사실을 말해 줄 수도 있다. 그리고 한두 학생에게 공전과 자전의 개념을 떠올려 보게 한 다음, 활동에서 드러난 특정 오개념을 언급하면서 올바른 개념을 설명하거나 증명할 수 있다. 이때 초점은 오개념을 바로잡는 데 있다. 또한 과정에 대한 피드백(예: 자전을 학습하는 방법 제안하기)을 줄 수도 있다. 한편, 피드백은 '자전을 설명하고 문제를 해결할 수 있는가?'라는 준거를 참조하여 피드백을 제공해야 한다. 또한 피드백은 설명적이고 긍정적이며 구체적이고 명확하며 친절한 어조로 전달되어야 한다. 교사는 보고서를 돌려주고 자전에 대해 더 많은 학습이 필요한 학생을 확인하여 추가적인 학습기회를 제공할 필요가 있다.

### 2) 복습이나 재설명 수업에서 피드백

학생들이 예상과 달리 개념이나 기술을 습득하지 못하거나 수업시간의 상당 부분을 연습에 할애해야 할 필요가 있는 경우에 보충 수업을 실시할 수 있다. 우수한 교사는 보충 수업을 하는 이유에 대해 굳이 설명하지는 않지만, 필요한 경우에는 언제든지 실시한다. 따라서 학생들은 이러한 보충 수업을 눈치 채지 못할 수도 있다. 학생들에게는 여느 수업과 마찬가지로 '일상적'일 수도 있다.

이러한 복습이나 재설명 수업을 일종의 피드백으로 생각할 수 있다. 교사는 수업 집중을 위한 도입문으로 앞 절에서 논의된 피드백 제공 형태를 사용할 수 있으며 이러한 피드백은 복습이나 재설명 수업으로 이어질 수 있다. 전반적인 수행의 질을 설명하고

(설명적 피드백), 개선을 위한 전략을 제안해야 한다. 그런 다음 이 전략을 사용하고 개선안을 개발하는 데 수업의 초점을 맞춰야 한다. 교사가 진행하는 복습 수업은 이전 수업이나 학습활동에 대한 피드백의 일환으로 이루어질 수도 있고, 단지 현재 공부하는 내용을 다시 반복하는 것일 수도 있다. 이 두 복습 수업의 차이는 일종의 '알아차림'에 있다고 생각된다. 즉, 학생들이 오늘 하고 있는 복습이 우리 선생님이 자신들의 이전 수행을 관찰한 뒤 결정한 것이라는 것을 알고 있는지의 여부이다. 이러한 알아차림은 매우 중요하다. 학생은 선생님이 나에게 집중하고 있고, 학습 향상을 위한 추가적인 기회를 나에게 주려 한다는 점을 알게 된다. 또한 복습 수업이 단순히 수업계획안에 의한 것이 아니라 나의 수행 정도를 판단하여 결정한다는 점을 학생들에게 분명히 전달할 필요가 있다.

예를 들어, 앞의 예에서 행성의 자전에 대한 오개념이 심각하거나 혹은 전체 학생이 이러한 오개념을 가지고 있다면 교사는 자전에 대해 재교육을 할 수도 있다. 교사는 학습목표를 반복하고, 학생들이 목표를 인지하게 하며, 이전과는 다른 전략을 사용하여 자전에 관한 수업을 계획할 것이다. 평가를 위해 학생들에게 이전 과제와 유사한 또 다른 문제를 해결하도록 요청할 수도 있다. 그러나 동일한 과제(무엇이 옳고, 잘못되었는지를 이미 알고 있는)로 자전에 대한 학생들의 이해도를 평가하는 것은 타당하지 않다. 대신 처음 문제를 수행하면서 받았던 피드백을 이번 문제를 해결할 때 활용할 수 있도록 해야 한다.

### 3) 학생의 수행과정 중 피드백

일부 학습목표, 특히 수행 기반 학습목표 상황에서 효과적인 피드백은 수행을 할 수 있는지 확인하는 일이다. 예를 들어, 체육 수업시간에 학생들이 농구를 하고 있다고 가정해 보자. 학생들은 연습(드리블, 패스 등)을 하고 규칙을 공부했다. 교사는 학생들이 공부한 내용을 실제 게임에 적용해야 한다고 생각했고, 팀을 나누어 게임을 시작했다. 게임을 하는 동안 교사가 제공하는 피드백은 학생들이 자신의 움직임과 전략을 이해하는 데 도움을 준다. 게임이 진행되고 있기 때문에 교사는 구두로 피드백을 주어야 한다. 게임이 끝난 후 개별 학생과 패스 등에 대해 대화를 나눌 수 있지만 피드백의 대부분은 순간적인 코칭이다. 이 경우 주로 게임진행 방법에 대한 피드백을 준다. 다른 좋은 피드백과 마찬가지로 이 코칭은 설명적이고 명확하며 긍정적이고 건설적이어야 한다.

영상 녹화 기능을 활용하면 집단 발표, 연설, 연극 및 기타 학급활동을 할 때도 피드백을 사용할 수 있는 기회를 만들 수 있다. 영상을 보면서 필요한 경우 잠깐 멈추어 가며 발표 기술(눈 맞춤, 목소리 크기 및 표현력)과 발표 내용을 논의할 수 있다. 이러한 방식으로 영상을 보면서 피드백을 듣는 것은 전체 학생과 수업시간 중 면담을 하는 것과 비슷하고, 피드백의 또 다른 차원으로 볼 수 있다. 많은 학생은 자신을 살펴보는 것이 피드백으로 작용할 수 있음을 인식하지 못한다. 그러나 영상 녹화를 본 학생들은 "내가 '음'을 너무 많이 말하는지 몰랐어." 또는 "나 좀 봐. 내가 말할 때 몸을 앞뒤로 흔들어!"와 같은 이야기를 할 수 있다. 이러한 정보는 학생이 자신을 모니터할 수 있는 즉각적이고 구체적인 목표(예: '말하기 전에 생각하기' '가만히 있기')를 정하도록 유도할 수 있다.

### 4) 시험 또는 과제 피드백

다음 단원으로 넘어가거나 새로운 과제를 시작하기 전에 각 단원의 마지막에 제시된 단원평가나 연습문제를 풀어보도록 해야 한다. 피드백은 진정으로 무엇인가를 줄 수 없다면 '피드백'이 아니다. 너무 늦게 전달되는 정보도 도움이 되지 않는다. 피드백을 줄 때 학생들이 실제로 그 피드백을 활용할 수 있는 시간이 있는지 확인해야 한다. 그렇지 않으면 학생들은 피드백을 무시해 버릴 것이다.

집단 피드백을 줄 때는 수행하고 있는 과제와 학습목표 간의 관계를 명확히 해야 한다(예: "모두 할 수 있기를 바란다. … 그래서 우리는 다시 살펴봐야 해. …"). 시험이나 과제를 검토하여 나타난 결과의 패턴과 특정 집단의 강점 및 약점에 특별히 중점을 두어 피드백을 제공해야 한다. 또한 학생이 과제에 대한 피드백을 검토하도록 안내하거나 필요에 따라 보다 구체적인 정보를 얻게 하기 위해서 시험 결과를 분석하도록 유도한다.

전체 학생에게 동시에 피드백을 제공하는 시간은 학생들에게 피드백 사용 방법을 가르칠 수 있는 좋은 기회이다. 5장에서는 교사와 학생을 위한 학습 일화로서의 피드백(스냅샷 관점)을 다루고 6장에서는 피드백의 장기적인 관점에 대해 다루고자 한다.

5장

# 피드백과 학습 일화

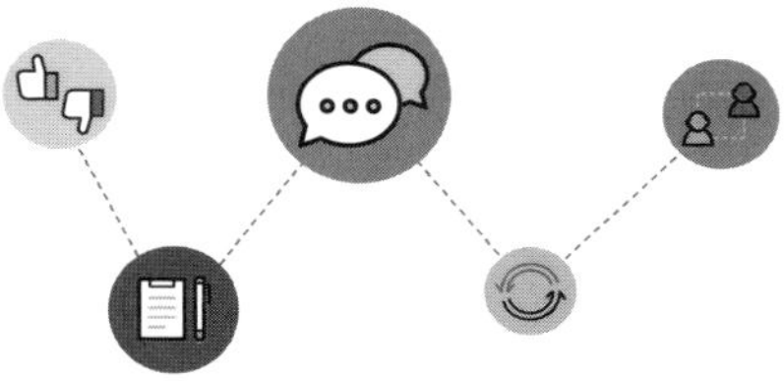

피드백은 학생들의 학습에 도움이 되어야 한다. 결국 이것이 피드백을 제공하는 이유이기도 하다. 하지만 우리는 교사가 '학생의 학습과정이나 결과물을 검토하면서 무엇을 알게 되었는지?' '피드백에 대한 반응이 어떨 것인지?'에 대해서는 다소 소홀하게 생각하는 경향이 있다. 이 책의 2장에서 보았듯이, 피드백이란 학습목표에 근거하여 학생이 잘한 점을 설명해 주는 것으로, 학습 개선을 위해 적어도 한 가지 이상의 제안을 해 주는 것이다. 이때 제공되는 제안은 학생의 현재 위치를 고려해서 다음에 도달해야 하는 학습목표나 성취기준에 근거한다.

이러한 의사결정을 내리려면 교사가 학생의 사고를 이해해야 한다. 최선의 피드백은 학생이 다음에 무엇을 배워야 하는지 이해하는 것으로부터 나올 수 있다.

피드백에 대한 세 가지 렌즈의 은유(1장 참고)를 다시 떠올려 보자. 그리고 학생의 수행과 이에 대한 교사의 피드백을 한 장의 사진으로 담아냈다고 생각해 보자. 이때 사진은 학습의 일화(episode)를 보여 주어야 하는데, 여기에서 학생은 학습목표를 성취하기 위한 과정과 상태, 다음에 무엇을 학습해야 하는지 배워야 하고, 교사는 학생들이 무엇을 생각하는지에 대해서 알게 된다. 이러한 조합이 피드백의 효과를 높일 수 있다.

## 1. 선행연구 고찰

기존 피드백 연구는 피드백 내용 자체의 특징이나 제공 전략 등에 초점을 맞추는 등 주로 '미시적 관점'에 기반하고 있다. 그러나 이 장에서는 피드백 장면에 내재되어 있는 학습에 좀 더 초점을 두고자 한다. 이를 위하여 형성평가와 학습조절에 대한 선행연구를 고찰하고자 한다.

### 1) 효과적인 형성평가를 위한 피드백의 역할

형성평가에 전문성을 가진 교사는 '학생의 사고에 대한 질적인 증거'를 먼저 수집하고, 학생 반응을 해석한 뒤, 다음에는 어떤 피드백 혹은 수업이 필요한지를 고려한다. 반면, 형성평가에 전문성이 낮은 교사는 '학생 성취의 양적인 증거'를 수집하며, 학생 반응의 정답 여부를 평가한 뒤, 이런 정답률에 기반하여 해당 주제를 다시 가르치는 경향이 있다. 이것은 '학습 일화로서 피드백'의 개념이 교사와 학생 모두에게 중요한 이유이기도 하다.

예를 들어, 한 교사가 학생들에게 대분수 덧셈을 가르친다고 생각해 보자. 형성평가에 전문성을 가진 교사, 그리고 형성평가에서 가장 중요한 요소 가운데 하나인 피드백 전문성을 지닌 교사는 학생들의 학습활동을 잘 관찰하여 잘한 것은 무엇이며, 잘못한 것은 무엇인지를 이해하려고 할 것이다. 대분수를 가분수로 바꾸는 것에 어려움을 느끼는 학생이 있을 수도 있고, 통분을 잘하지 못하는 학생도 있을 것이며, 통분은 하더라도 분수의 덧셈을 잘하지 못하는 학생이 있을 수 있다. 이러한 학생들은 각기 다른 피드백을 받아야 한다. 반면, 형성평가에 미숙한 교사는 학생들이 얼마나 많은 문제를 틀렸는지를 지적하고, 학생을 몇 개의 집단으로 묶어서 '대분수 계산하기'를 진행할 것이다. 이러한 피드백은 조금 도움은 되겠지만, 학생이 자신의 현재 수준에서 목표수준까지 도달할 수 있도록 돕는 피드백만큼 도움을 주지는 못할 것이다.

Minstrell, Anderson과 Li(2009)는 교사 대상의 연수를 진행하면서, 형성평가를 시행하는 과학교사들을 비디오 촬영했다. 연구진은 교사들이 자료수집, 자료해석, 형성평가 실행 등과 같은 형성평가 절차를 모두 따르는 것처럼 보일지라도, 평가를 실행하는 의도와 목적에 따라 상당한 차이가 나타날 수 있음을 밝혀냈다. 상대적으로 덜 효과적인 형성평가를 실시하는 교사는 학생들이 학습활동 중에도 "이해한 사람 손 들어 보자."와 같은 확인적인 질문을 하였고, 이해하지 못한 학생에게는 배운 내용을 다시 확인하도록 하였다. 반면, 학생이 학습목표에 도달하도록 유도하는 질문을 하는 등의 방법으로 효과적인 형성평가를 실시하는 교사도 있었는데, 이들은 학생의 사고에서 발생할 수 있는 문제나 장점을 이해하고, 학생이 이러한 진단에 맞추어 학습할 수 있도록 피드백이나 추가적인 학습경험을 제공해 주었다.

한편 Kroog, Ruis-Primo와 Sands(2014)는 과학 및 수학 교사의 형성평가 활용을 관찰하였다. Minstrell과 그의 동료들처럼 Kroog 등(2014)은 촬영된 영상을 분석하여 교사의 형성평가 능숙도를 비교하였다. 형성평가에 전문성을 갖춘 교사는 첫 수업시간에 학생들이 학습목표를 이해하도록 설명해 주며, 그 목표들이 왜 중요한지 설명해 주었고, 학생이 질문하도록 격려하였으며, 학생에게 자신의 학습에 책임감을 가질 수 있도록 가르치고 있다는 것을 확인하였다. 반면, 형성평가에 미숙한 교사는 첫 수업에서 주로 성적 산출, 출결 점수, 지각 시 감점 등에 대한 규칙과 같은 절차적 이슈에 초점을 맞추어 설명했다.

Hattie(2009)는 피드백에 대한 많은 리뷰를 종합한 뒤 학생은 '다양한 피드백'을 받아야 한다는 유명한 말을 남겼다. 그러나 그의 저서 『Visible Learning』(2009)을 출판할 무렵, 피드백에 대한 그의 생각은 '학생의 과제나 수행에 대한 교사의 반응' 이상으로 확대되었다. 그는 이렇게 제시하였다.

> 나는 피드백이 '**학생으로부터 교사에게**' 전달될 때, 피드백이 가장 강력해짐을 발

견하였고, 이를 통해서 피드백을 더 잘 이해할 수 있게 되었다. 교사가 피드백을 주거나 적어도 시도할 때(즉, 학생이 무엇을 알고 있는지, 무엇을 이해하고 있는지, 어디에서 실수를 범하고 언제 잘못된 인식을 하는지, 언제 학생들이 수업에 참여하지 않는지), 교수와 학습은 통합되고 효과적일 수 있다. (p.173)

다시 말해서, 피드백은 학생과 교사 모두에게 하나의 학습 일화여야만 한다.

교사는 피드백 상황에서 학생이 어떤 생각을 하고 있는지 알게 되므로 다음에 어떤 구두 피드백을 줘야 하는지, 그리고 다음 수업을 어떤 내용으로 할지를 결정하는 데 도움을 준다. (제대로 기능하는) 형성평가 과정에서 교사가 제공하는 피드백의 역할은 학생을 현재 수준에서 다음 학습목표로 도달할 수 있게 도와주는 것이다. 이와 같은 피드백의 '스냅샷' 관점이 우리에게 시사하는 바는, 효과적인 피드백 일화는 학생뿐 아니라 교사에게도 배움이 일어나게 한다는 점이다.

## 2. 학습조절을 위한 피드백의 역할

학습자가 자기조절학습을 수행할 때, 먼저 목표를 설정한 다음 인지적 · 정서적 · 행동적 실천과 절차를 체계적으로 수행함으로써 설정한 목표에 더 가까이 접근한다(Zimmerman & Schunk, 2011). 자기조절을 연구하는 학자들은 자기조절학습의 '단계적 관점'을 활용한다(Pintrich & Zusho, 2002). 단계적 관점은 사전계획(예: 학습목표 설정), 학습에 대한 학생들의 자기점검과 통제, 결과에 대한 성찰의 순서로 이루어진다. 이러한 단계는 목표 설정, 과정에 대한 점검, 피드백의 해석, 조정하기와 같은 형성적 학습의 순환적 과정을 보여 준다(Andrade & Brookhart, 2016).

학습조절은 학생의 자기조절보다 넓은 개념이다. Allal(2011)은 평가를 일종의 공동의 조절 과정(coregulation)이라고 설명하였다. 이는 "학생의 자기조절과 함께 여러 다른 외부 자원(교사, 동료, 교수학습 자료, 평가도구 등)의 조절이 함께 결합되어 영향을 미친다."(p. 332)는 의미를 갖는다. 다시 말해, 학생의 학습은 학생 자신의 자기조절뿐 아니라 다양한 교실 요인(교사나 친구의 피드백, 과제의 성격 등)에 의해 조절된다는 것이다. 이러한 관점에서 피드백 그 자체는 학습조절의 하나의 메커니즘이다.

피드백의 역할이 학습조절을 실행하기 위한 것이라면, 그것은 반드시 총합적이 아니라 형성적인 특성을 지니고 있어야 한다. 예를 들어, 시험성적 역시 피드백이기는 하지만 이는 학습결과에 대한 피드백이기 때문에 더 이상의 학습으로 이어지지 않는다. 대신에 그 학생의 강점에 대한 의견이나 다음 학습단계를 제시하는 등의 정교한 피드백은 학생의 학습조절을 촉진할 것이다(Butler, Schnellert, & Perry, 2017). 이와 더불어 학생들이 자신이 도달해야 하는 학습목표나 성취기준을 적극적으로 해석하거나 심지어 함께 구성해 내서 이를 진심으로 이해한다면, 피드백은 학생 학습을 촉진시킨다.

Nicol과 MacFarlane-Dick(2006)은 학생의 자기조절학습에 도움을 주는 좋은 피드백의 일곱 가지 원리를 제시하였다. 또한 각 원리를 지지하는 이론과 실천방안에 대한 예시를 제시했다. 효과적인 피드백은 다음의 조건을 만족할 것이다(p. 205).

- 우수한 수행의 근거를 분명하게 제시한다(목표, 준거, 기대 성취수준)
- 학습 과정에서 자기평가(자기반성)를 장려한다.
- 학생들의 학습에 대한 질 높은 정보를 제공한다.
- 교사 및 동료들과 학습에 대한 의사소통을 격려한다.
- 긍정적인 동기와 자존감을 높여준다.
- 현재 수행과 희망하는 수행 사이의 차이를 줄일 수 있는 기회를 제공한다.
- 교사에게 가르치는 데 도움이 되는 정보를 제공한다.

이러한 원리를 살펴보면 효과적인 피드백은 교사와 학생 모두에게 정보를 제공한다. 또한 효과적인 피드백은 학습의 자기조절뿐 아니라 다른 외부 자원(동료, 교사 피드백, 수업)으로부터 얻어지는 학습조절 역시 지지함을 알 수 있다.

## 3. 학습 일화로서의 피드백 사례

피드백 일화로부터 학생과 교사가 무언가를 배웠다는 것을 어떻게 파악할 수 있을까? 이를 위해 첫째, 교사는 학생들의 사고에 대해 무엇을 알고 있는지를 성찰해 보아야 하며, 이는 수업과 평가의 공식적인 일부가 되어야 한다. 교사는 "학생은 얄타 회담(Yalta Conference) 관련 질문을 잘못 파악했다." 대신에 "학생이 얄타 회담에서 내린 결정이 전후 문제에 미치는 영향을 깨닫지 못하고, 단지 2차 세계대전이 끝날 때 있었다는 사실만 생각했다."와 같은 생각, 또는 "마침표가 올바른 위치에 있지 않다." 대신에 "학생은 문장의 끝이든 아니든 모든 행의 끝에 마침표를 찍고 있다. 아마도 문장을 글의 줄과 혼동하고 있을 것이다."라고 생각하는 자신을 발견해야 한다.

둘째, 교사는 학생이 피드백을 잘 이해하고 있는지 수업과 평가를 통해 일상적으로 점검해야 한다. 이것을 하는 데는 여러 가지 방법이 있다. 학생에게 직접적인 질문을 할 수도 있고(예: "네가 이 과제에서 수정해야 하는 첫 번째는 무엇이니?"), 수업 중에 학생이 받은 피드백을 활용할 수 있는 기회를 줄 수도 있다(6장 참고). 학생들이 생각하고, 과제를 수행하고, 학습하는 것을 관찰하는 것은 중요하다. 가급적 학생과 대화하는 형태로 구두 피드백을 제공하는 것이 좋다. 예를 들어, 구체적인 내용이 정해져 있지 않고, 다소 광범위한 내용을 다루어야 하는 보고서나 과학 프로젝트 또는 글쓰기와 같은 대형 프로젝트의 경우, 학생들이 피드백을 어떻게 반영할지 체크리스트를 작성하게 하거나 반영 계획을 글로 간단히 적어보게 하는 것이 유용할 수 있다.

다음 내용은 학습의 일화로서 피드백의 사례를 학교급별로 제시하고 있다.

### 1) 유치원 사례

가톨릭 학교 Rosary의 교사 Jones-Nicholas의 수업에서 5세 학생들이 다양한 서식지에 살고 있는 생물에 대해 배우고 있었다. 이전 수업에서, 학생들은 정원에 살고 있는 생물에 대해 배웠고, 이러한 동물들의 이름을 나열하며 배우기도 하였다. 이 수업에서 학생들은 일부 생물이 정원과는 매우 다른 서식지인 물속에 살고 있다는 것을 배우게 되었다.

그 수업에서 교사는 학생들에게 학습목표를 알려주고, 사는 곳이 다른 생물에 대해 알아보는 것이 왜 중요한지 학생들이 말할 수 있도록 했다. 교사는 물에서 사는 생물인 문어와 올챙이의 사진을 보여 주면서, 물속에서 사는 다른 생물들에 대해서도 배울 것이라고 말해 주었다. 이어서 학생들에게 수중 서식지(연못, 늪, 바다, 아쿠아리움) 사진과 생물(나비, 상어, 금붕어, 올챙이) 사진을 보여 주고, 이 생물들의 일반적인 서식지를 설명했다. 학생들은 그 서식지의 이름을 파악하고, 그곳에 사는 생물 사진을 골라 해당 서식지에 붙였다. 또한 학생들은 나비를 왜 수중 서식지에 붙이지 않았는지 이유를 설명도 해야만 했다.

교사는 학습목표를 성공적으로 달성한 학생과의 대화와 그렇지 못한 학생과의 대화를 기록으로 남겼다. 두 가지 모두 피드백 상황이 어떻게 교사와 학생 사이에 일어나는지를 보여 준다. 성공한 학생인 Bobby는 질문에 대답하고 자신 있게 친구들과 이야기를 나누었다. 교사는 Bobby가 어떤 동물들이 물속에 살고 있는지 잘 이해하고 있으며, 물이 어떤 동물들의 서식지라는 것을 설명할 수 있다고 추론했다. Bobby는 수업의 학습목표를 설명할 수 있었고, 나비를 수중 서식지에 붙이지 않은 이유도 적절하게 설명할 수 있었다. 교사는 Bobby가 학습한 것에 자신이 있다는 것을 알게 된 점 외에도, 서식지에 대한 피드백을 주면서 Bobby가 집에서 TV로 내셔널 지오그래픽과 동물 채널을 보는 것을 좋아한다는 것을 알게 되었다.

반면, 학습에 어려움을 겪고 있는 Stuart는 나비를 연못에 두었고 연못을 동물원이라고 이름 붙였다. '수중'이라는 용어가 물속이라는 의미라고 알려주었음에도 불구하고, Stuart는 '수중'의 의미를 이해하지 못했다. 교사는 Stuart가 다른 학생에 비해 배경지식이 부족하다고 추론했다. 만약 Stuart가 제시된 동물과 서식지에 대해 잘 모르고 있었다면, 서로 연결하는 것은 어려운 문제였을 것이다. 이 피드백 상황에서의 대화는 다음과 같다. 교사가 다른 학생은 가지고 있지만 Stuart는 가지고 있지 않은 배경지식과 경험의 일부를 비계(scaffold)로 선택했다는 것에 주목해 볼 필요가 있다.

교 사: Stuart, 애완동물이 있니?

Stuart: 네, 선생님.

교 사: 어떤 종류의 애완동물을 가지고 있니?

Stuart: 개 한 마리요.

교 사: 그러면 개는 어디에서 살고 있니?

Stuart: 개집에서요.

교 사: 맞아. 잘했어. 우리 하이파이브 하자. 개집에 개가 수영할 수 있는 물이 있어?

Stuart: 아니요.

교 사: 물속에서 수영하거나 살 수 있는 동물을 알고 있니?

Stuart: 물고기요.

교 사: 좋은 생각이야. 너의 선택이 훌륭하구나. 만약에 물고기가 땅 위에서 살게 된다면 무슨 일들이 일어날까?

Stuart: 물고기는 물에 들어가야 하기 때문에 아마도 죽을 거예요.

교 사: 정말 멋진 답변이야. 이제 이 영상을 잘 보자. 이 영상이 끝나면, 수중 서식지가 무엇인지 그리고 수중 서식지가 아닌 것에 대해 더 잘 이해할 수 있게 될 거야. 물에 사는 동물과 물에 살지 않는 동물도 볼 수 있을 거야. 그리고 물속을 뜻하는 수중이라는 말도 듣게 될 거야.

Stuart가 영상을 본 후, 교사는 Stuart에게 과제를 완성하기 위해 필요한 것을 자신의 말로 설명해 달라고 요청했다. 교사의 유도 질문은 그가 당면한 과제를 이해하는 데 도움이 되었다. 이 장의 요점은 교사가 Stuart의 생각을 알기 위해서 유도 질문들을 근거로 했다는 것이다. 이러한 정보를 통해 교사는 다음 단계의 피드백을 Stuart가 필요한 부분에 집중할 수 있었다.

## 2) 초등학교 사례

5학년 학생들이 대분수의 곱셈을 배우고 있었다. 이전 수업에서, 대분수를 가분수로, 가분수를 대분수로 바꾸는 방법을 배웠다. 그리고 분수를 곱하는 것은 어떤 분수의 일부분의 값을 계산할 수 있는 수학적 절차라는 것을 배웠다. 구체적으로 1/3의 1/2은 1/6이라는 것은 그림으로 1/3을 그려서 그 절반만큼 색칠하여 나타낼 수 있지만, 1/2 × 1/3 = 1/6로 계산하여 나타낼 수도 있다.

오늘 학생들은 이 두 가지 개념을 결합하여 학습을 확장하도록 하였다. 대분수를 곱하려면, 대분수를 가분수로 바꾼 후 분자는 분자끼리, 분모는 분모끼리 곱해야 했다. 교사가 계산방법을 설명하고 나서 학생들과 함께 화이트보드에서 몇 가지 연습문제를 풀었다. 마지막으로, 교사는 다섯 문제를 추가로 제시하고, 학생들에게 각 단계에 따라 계산을 하고 풀이 방법을 설명하도록 안내하였다.

한 학생은 절차에 따라 혼자 힘으로 문제를 풀지만, 그 풀이과정을 설명할 수는 없었다. 그 학생의 수행과정을 관찰함으로써, 교사는 학생이 수학적인 절차를 이해는 하지만 수학적인 의사소통에 어려움을 겪는다는 것을 알 수 있었다. 그래서 교사는 학생에게 첫 단계에서 무엇을 했는지 물었다. 이 학생은 처음에는 대분수를 가리키고 그다음에는 가분수를 가리키면서, "저는 이것을 이것들로 나타냈어요."라고 대답했다. 교사는 수학적 어휘가 걸림돌이 될지도 모른다고 추정을 해 보았다. 그래서 교사는 대분수를 가리키면서 "이것을 뭐라고 부르죠?"라고 물었다.

"대분수요."라고 학생이 대답했다.

"그러면 이것은 뭐라고 하죠?" 교사가 가분수 부분을 가리키며 다시 물었다.

"몰라요."라고 학생은 대답했다.

몇 가지 비계 질문이 이어진 후, 그 학생은 "대분수를 가분수로 바꾸었어요."라고 말하며 풀이과정을 설명할 수 있게 되었다.

한편 동일한 문제를 풀고 있는 또 다른 학생은 대분수를 가분수로 바꾸면서 자연수를 분모와 곱하는 대신에 분자와 곱하고 있었다. 교사는 학생이 문제 푸는 것을 관찰하는 과정에서 계산 절차를 모른다는 것을 알게 되었고, 또한 분수에서 분모가 전체 부분의 수를 의미한다는 것도 모를 것이라고 추정하였다.

두 학생의 사고가 다르다는 것을 알게 되었고, 교사는 이 학생에게 적절한 피드백을 줄 수 있었다. 교사는 학생에게 변환 과정에서 자연수와 분모를 곱해야 하는 이유를 알 수 있도록 도표를 그려보게 하였다. 그런 다음에 학생이 그린 것을 잘 이해하고 있는지를 확인하기 위해 설명해 보라고 하였다.

이 두 학생이 보여 주듯이, 교사들은 피드백 상황에서 학생마다 현재 사고 수준이 매우 다르다는 점을 배울 수 있었다. 피드백을 주는 것은 교사와 학생 모두에게 학습의 한 장면이 되어야 한다. 교사는 학생이 무엇을 생각하고 있는지를 파악하고, 학생은 학습목표를 향해 나아가는 과정에서 현재 알고 있는 것의 다음 학습단계를 배웠다.

### 3) 중학교의 반증 사례

중학교 1학년 학생들이 세계의 문화를 공부하고 있다. 오늘 수업을 위해 교사는 칠판에 "유교가 중국의 생활방식에 어떤 영향을 미쳤는지 알 수 있다."고 썼다. 교사는 이것이 수업의 학습목표라고 설명하고 학생들에게 그들의 세계사 교과서를 큰 소리로 읽으라고 요청한다. 그리고는 공자의 그림을 잘라 색칠하고 뒷면에는 교과서에 나오는 유교의 주요 원리 목록을 베껴 쓰라고 한다.

얼마나 형편없이 설계된 수업인가? 유교가 중국의 생활방식에 어떠한 영향을 미쳤는지에 대해 알려주는 활동은 포함되어 있지 않다. 이러한 수업은 학습목표에 도달하는 데 도움이 되지 않는다. 게다가, 그 어떤 활동도 학생들에게 그 자료에 적극적으로 참여하거나 학습목표에 대해 생각하도록 요구하지 않는다. 수업 중에 일어나는 피드백 상황으로부터 학생들과 교사가 배우는 것에 이 문제들이 어떻게 작용하는지를 생각해 보자. 교사는 학생들의 소리 내어 책 읽기에 대해 몇 가지는 배울 수 있을 것이고, 학생들은 그들이 잘못 발음한 단어가 무엇인지 정도는 배울 수 있을 것이다. 교사와 그 학생들은 색칠능력의 수준이나 교과서에서 정확하게 베껴 쓰는 능력에 관해 몇 가지 알게 되었을지 모른다. 이 중 어떤 것도 교사나 학생이 유교가 중국의 생활 방식에 어떠한 영향을 미쳤는지를 이해하는 데 유용한 것을 배우는 데 도움이 되지 않는다.

여기서 중요한 것은 교사가 학생을 관찰할 때 거의 항상 무언가를 배우지만, 피드백은 학생들이 배우는 것이 무엇이든 간에 교사와 학생 모두에게 배우는 장면이 되어야 한다는 것이다. 그래야만 피드백은 학습을 향상시킬 수 있다. 피드백을 통한 학습 향상은 학습목표, 학생 학습활동과 수행, 그리고 성취 기준이 모두 적절하게 연계되도록 잘 설계된 수업에서 가능하다. 피드백의 효과는 교사와 학생이 피드백을 학습의 증거로 사용해야 높아진다.

### 4) 중학교 사례

암스트롱 중학교 교사 Lauren Pangrazi-Craig는 7~8학년 학생을 대상으로 효과적인 논설문 쓰기에 대해 수업을 하고 있었다. 교사는 학생들에게 친근한 언어를 사용하여, '선생님과 대화'할 수 있는 기회를 가질 수 있을 것이고, 그러기 위해서는 타당한 근거를 제시하여, 자신의 관점을 교사에게 납득시킬 필요가 있다고 설명했다.

교사는 며칠에 걸쳐 더 작은 단위의 학습목표를 세워, 학생들과 논설문을 위한 준거를 여러 가지 방식으로 공유했다. 첫째 날, 학생들에게 논설문의 요소를 이해시키기 위해 참고할 만한 논설문 예시 자료를 활용했다. 학생들은 논설문을 함께 읽고, 논설문의 구성요소(주제, 주제에 대한 의견, 근거, 근거에 대한 지지)를 확인했다. 이어서 학생들에게 논설문의 요소와 더불어 맞춤법과 개요를 이해하는 데 도움이 되는 루브릭을 주었다. 수업의 끝에 학생들은 논설문의 구성 요소에 대한 질문에 대답해야 했다.

둘째 날, 논설문을 의견과 근거로 구성하는 수업이 진행되었다. 학생들은 의견과 근거를 포함하여 논설문을 구조화하기 위해 그림 개요표를 활용했다. 교사는 인터넷을 이용하여 의견을 지지하는 세부적인 근거를 찾을 수 있도록 허용하였고, 학생들은 그림 개요표의 적절한 위치에 근거를 제시하였다.

다음 수업에서 학생들은 대략적인 초안을 썼으며, 교사와 급우 모두로부터 루브릭을 사용하여 피드백을 받았다. 학생들은 받은 피드백을 바탕으로 초안을 수정하여 최종본을 작성했다. 교사는 각 단계에서 피드백을 받는 이 비계 과정을 통해 학생들이 학습 목표에 도달할 수 있다고 설명했다. 이 모든 지원으로, 일부 학생들은 학생수준에 맞는 과제를 수행했다. 예를 들어, 한 학생은 학생들이 도서관 열람실에서 MP3를 사용할 수 있도록 허락해야 하는 이유에 대해 교장 선생님을 설득하는 글을 한 장 가득 썼다.

다음에 제시된 한 학생의 과제는 교사가 학생의 생각을 파악하기 위해 피드백 장면을 사용하는 것이 무엇을 의미하는지 명확한 예를 제공한다. 〈표 5-1〉은 학습에 어려움을 겪는 학생들 가운데 한 명의 논설문을 대략적으로 재구성한 것이다. 이 논설문은 언뜻 보기에는 형편없을 것이다. 보다시피 세 단락도 채 쓰지 않았고, 문법과 단어 사용에 오류도 많다. 이 학생은 인터넷에서 어느 고객이 쓴 게시물("나는 내 D를 사랑한다.…")을 발견했고, 그것을 인용문이라고 밝히지 않았으며, 결론도 없다.

하지만 학생이 무슨 생각을 하는지 파악하려는 의도로 초안을 읽은 교사는 학생이 논설문의 속성을 이해하고 있다는 사실을 알 수 있었다. 학생은 주제에 대한 자신의 의견을 근거와 함께 제시하고 있었기 때문이다. 그 학생의 입장은 교사들 중 한 명이 D 트럭을 사야 한다는 것인데, 그 트럭은 힘, 차체 스타일, 안전 면에서 교사의 T에 비해 유리하다고 판단했기 때문이다. 각 카테고리에 대해 학생은 지지하는 세부사항을 제시

**〈표 5-1〉 8학년 학습 부진 학생이 쓴 논설문 초안**

○○ 선생님은 T를 없애고 D 트럭을 사야 한다. 내가 생각하는 이유는 다음과 같다. D 트럭은 더 파워풀한 차체 스타일을 가지고 있고, T보다 훨씬 안전하다. D는 Big 1500이 있고, T는 V8이 있다. D는 더 훌륭한 차체 스타일을 가지고 있고, 대부분의 사람들이 T보다 D의 차체 스타일을 더 조아한다. 나는 D의 차체 내부 공간과 트렁크 수납공간을 좋아한다. D는 T보다 안전하다. T는 가속패달이 들러붙고 에어백이 터지는 이유로 리콜을 실시했다. 둘 다 사고의 원인이 될 수도 있다.

모든 명백한 사실은 D가 T보다 더 나은 트럭이라는 이유이다. 만약 당신이 D 대신 T를 선택한다면 큰 실수를 한 것일지도 모른다. D에 대한 ○○ 선생님의 마으미 바뀌었기를 바란다. ○○ 선생님 자신의 이익을 위해 마음을 바꾸었으면 좋겠다.

출처: Lauren Pangrazi-Craig, Armstrong Junior-Senior High School의 허락하에 사용함.

했다. 파워에 관해서 그는 엔진 유형의 이름을 대고 D의 장점에 비교를 했다. 그는 차체 스타일에 대해 대부분의 사람들이 T보다 D 스타일을 더 좋아한다고 주장하였고, 이러한 점을 고객이 쓴 게시물을 근거로 지지했다. 안전에 대해서는 T가 두 차례 리콜을 했다고 지적했다.

여기서 교사가 배운 점은 이 학생이 자동차를 주제로 잡은 것처럼, 적어도 관심분야에 있어서 학생은 자신의 입장을 정하고, 근거를 명확히 하고 논리적이고 세부적인 내용으로 이를 뒷받침할 수 있다는 점이다. 교사는 그 학생이 설득을 이해한다는 것을 알게 된다. 그 학생이 여전히 알아야 할 것은 어떻게 하면 좋은 아이디어를 좀 더 정교한 문장과 단락으로 확장시킬 수 있는가, 그리고 어떻게 하면 그의 맞춤법을 향상시킬 수 있는가 하는 것이다. 그 학생에 대한 교사의 피드백은 설득의 기술에 대해 매우 긍정적이었으며, 이러한 생각을 좀 더 세련된 논설문으로 정리하는 것을 학생의 다음 과제로 설정했다.

이와 같이 학생들이 생각하고 있는 것을 파악하기 위해 학생의 작품을 사용하는 피드백과 전통적인 '빨간펜' 접근방식을 비교해 보자. 학생의 글을 주의 깊게 읽어보면, 사실 이 논설문은 잘못된 부분도 있지만 옳은 부분도 있으며, 이 사실을 학생이 알 필요가 있다.

여기에 학생의 최종 논설문을 제시하지는 않았지만, 이 학생은 초안보다 훨씬 나은 최종본을 작성하였다. 그럴 수 있었던 이유는 교사가 학생의 생각을 이해하여 적절한 준거와 적절한 타이밍에 피드백을 제공하였고, 학생은 그 피드백을 활용하여 자신의 수행을 향상시켰기 때문이다.

### 5) 고등학교 사례

10학년 학생들은 두 개의 미지수를 가진 두 개의 방정식을 푸는 방법을 배우고 있었다.

$$x + 2y = 2x - 5$$
$$x - y = 3$$

이 방정식을 푸는 데는 여러 가지 방법이 있다. 하나의 방정식을 하나의 미지수에 대해 정리하여 다른 방정식으로 대체하기, 두 방정식을 합쳐서 미지수 중 하나를 소거하면서 풀기, 같은 좌표면에 두 방정식을 그래프로 그려서 교차점 찾기 등을 예로 들 수 있다. 오늘 수업은 두 방정식을 그려서 교차점을 찾는 것이다. 학생들은 집단별로 해결해야 할 문제를 부여받으며, 그래프의 설명과 풀이에 대한 근거, 그리고 방정식을 푸는 대수적 방법 중 하나를 사용하여 과제를 수행하게 된다.

이 수업을 계획한 교사는 처음부터 마음속으로 학생들의 생각에 대해서 알아야겠다고 마음먹었다. 이 단원에서 일련의 학습 절차로서 방정식 풀기에 대해 가르치는 것은 쉽지만, 교사는 학생들이 그것보다 더 깊이 생각하게 하고 싶었다. 교사는 학생들이 동일한 수행결과를 그래프와 대수 형식으로 보여 주고 그들의 추론을 설명하도록 이 활동을 설계했다. 이 활동을 설계하기 위해 교사는 방정식 문제가 포함되어 있는 활동지를 찾아보았고 추가 방향을 더 제시했다. 단순히 방정식을 풀어보게 하는 것만으로는 학생의 생각을 확인할 수 있는 증거를 찾지 못했을 것이다.

학생들은 몇 가지 재미있는 설명을 생각해 냈다. 어떤 학생은 두 개의 축을 '교차'하여 $x$와 $y$를 동시에 그릴 수 있게 함으로써 데카르트 평면이 형성된다고 지적했고, 그 방식을 이용하여 하나의 변수 문제를 해결하는 것에 비유했다. 어떤 학생은 각 선이 방정식에 기술된 대로 두 변수 사이의 관계를 나타내므로 논리적으로 두 변수 모두에 공통적인 해결책은 교차점뿐이라고 지적했다. 교사는 학생의 생각을 알아보기 위해 "이 생각에 동의하니?" "여기에 추가할 내용은 무엇이지?"와 같은 질문을 수업 토론에 활용하였으며, 몇몇 학생은 배운 절차를 이용하여 방정식을 풀 수 있었지만, 예시를 보고도 왜 그렇게 푸는지에 대한 이유는 파악하지 못했다. 이러한 학생들에게, 교사는 수학에 대한 그들의 '생각'이 절차적이라는 것을 깨달았고, 이를 해결하기 위해서 모델링과 정량적 추론에 대한 더 많은 연구가 필요하다고 생각했다. 몇몇 다른 학생은 방정식을 전혀 풀지 못했다. 일부 학생은 계산 오류를 범했고, 또 다른 학생들은 절차상의 오류를 범했다. 이 학생들을 위해, 교사는 어디에 피드백을 주어야 하는지, 그리고 다음에 어떤 교육활동을 해야 하는지 깨달았다.

앞에서 소개한 학생의 수행 사례를 통해 두 가지 핵심원리를 도출할 수 있다. 첫째, 학생들의 생각을 이해하기 위해 이들의 활동을 분석적으로 보는 것은 효과적이고 경제적인 피드백을 이끌어 낸다. 둘째, 만약 그 학습활동이 학생들의 생각을 보여 주도록 설계되었다면, 분석적으로 학생들의 활동을 보는 것이 더 효과적이다. 학생들의 학습활동을 관찰함으로써 이들이 무엇을 생각하고 있는지에 대해 추론하는 것은 거의 항상 가능하다. 교사가 깊이 있는 통찰력을 발휘하여 학생에 관한 심층적인 정보를 얻기 위해서는 학습활동의 설계단계에서부터 세심한 주의를 기울여야 한다. 학생의 사고과정을 보여 줄 수 있는 학습활동 설계가 우선되어야 한다는 의미이다.

이 장에서 피드백 상황은 교사와 학생 모두에게 학습의 일화가 되어야 한다고 강조해 왔다. 마지막 단계가 하나 더 있다. 피드백 상황에서 알게 된 것을 바탕으로 교사는 학생들에게 다음의 논리적 학습단계를 제공할 수 있어야 하며, 학생들은 그 단계를 밟을 수 있어야 한다. 따라서 피드백의 마지막 단계는 학생들이 자신의 다음 학습을 위하여 실제로 피드백을 활용하는 것이며, 이는 6장에서 다룰 예정이다.

6장

# 피드백과 학습 향상

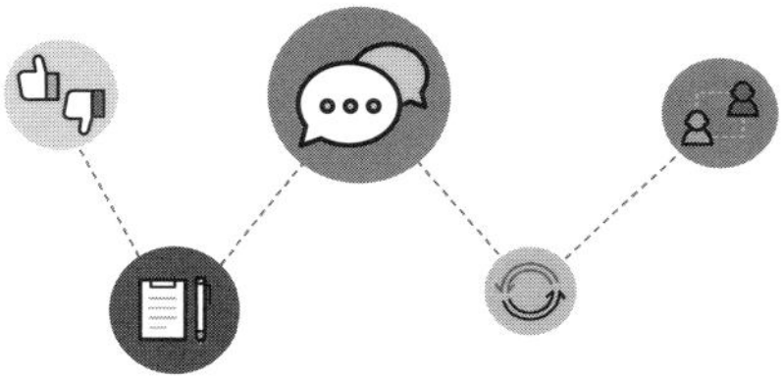

피드백은 학생이 피드백을 활용할 기회를 가질 때 비로소 학습으로 이어질 수 있다. 교사가 학생이 피드백을 활용하는 방법을 배우도록 도와줄 수 있는 최고의 방법은 학생이 피드백을 받은 즉시 활용할 기회를 만들어 주는 것이다. 망원경 렌즈에 비유하여 설명하였던 '피드백의 장기적 관점'은 피드백이 학생의 학습을 향상시켜 주었는가와 같은 피드백의 결과에 집중하는 것을 의미한다.

만약 피드백이 '피드포워드(feedforward)'라면 효과적일 것이다(Moss & Brookhart, 2009, pp. 44-59). 즉, 학습자가 자신의 학습을 향상시키기 위하여 피드백을 활용하였다면 그 피드백은 효과적이라고 말할 수 있다(Wiliam, 2011, p. 120). 사실, 여전히 형성평가의 분야에서 무엇이 '형성적인가'에 관해서는 논란의 여지가 있다. 피드백이 수행을 변화시켜야만 하는가? 혹은 피드백이 수행을 변화시키는 데 사용되는 것만으로도 충분한가? 교사가 학생의 학습을 향상시키기 위한 목적으로 피드백을 주었다면 앞에서 언급한 이러한 차이는 그다지 중요하지 않을 것이다. 만약 학습을 향상시키지 못했다면 피드백은 목적을 달성하지 못한 것일 뿐이다. 원인을 찾는 데 너무 연연해하지 않아도 된다. 교사는 계속해서 시도해 보고, 실패로부터 다시 배우려고 노력하는 태도가 중요하다. 원인이 무엇이었는가? 학생들은 피드백을 이해하였는가? 피드백의 양이 너무 많거나 너무 적지는 않았는가? 학생들이 이해는 했는데, 수정할 기회가 없었던지 혹은 적시에 공부할 기회가 없었던 것은 아닌가? 그 원인이 무엇이든지 간에, 그것으로부터 배우고 피드백을 거기에 맞출 필요가 있다.

## 1. 선행연구 고찰

개인적인 이야기로 이번 장을 시작하려고 한다. 학생들이 형성평가 정보를 어떻게 활용하는지에 관한 몇 가지 연구를 진행해 왔다. 주로 학생들이 피드백을 어떻게 해석하고 그러한 피드백으로 무엇을 하는지에 초점을 맞춘 연구였다. 이 연구는 다양한 종류의 교실 평가가 학생의 학습과 동기에 어떠한 영향을 미치는지를 알아보는 대규모 연구의 일부분이었다. 연구의 일부분으로서, 초등학생과 중학생, 고등학생들에게 자신들의 교실 평가에 관하여 질문하는 인터뷰를 진행하였다. 인터뷰에 관한 내용 가운데 여기에서 언급할 부분은 고등학교 학생들에 관한 이야기이다.

수업 참관은 두 곳의 고등학교에서 실시하였고, 다양한 학생과 이야기를 나누었다. 이야기를 나눈 학생들은 사회경제적인 배경, 출석률, 행동기록, 건강과 삶의 질, 학교에 대한 태도 등에 있어 다양한 배경을 가지고 있었다. 가장 인상 깊었던 부분 중 하나는 성공적인 학습자, 즉 대학에 진학하였고 자신의 학업에 몰두한 학생들은 그들이 얻은 모든 정보를(그것이 의도적 피드백이든 아니든 간에) 모두 자신의 학습을 향상시키기 위해 사용하였다는 점이다. 만약 학생들이 학습을 향상시키려 했다면 학습자로서 자신을 점점 더 잘 이해했어야만 한다. 즉, 학습목표와 성취기준, 학습 향상에 도움이 되는 전략에 대한 이해가 필요했을 것이다. 성공적인 학습자들은 학습자로서 자신을 평가하며 피드백에서 얻은 학습의 증거에 비추어 자신의 학습활동의 질도 평가해 본다. 또한 성공적인 학습자들은 학습과정에서 문제에 부딪히면 해결할 방법을 알기에 확신에 차 있고 도전적인 태도로 학습활동의 질을 높인다(Brookhart, 2001). 반대로 덜 성공적인 학습자들은 평가와 피드백을 자신의 활용 수단이 아닌 교사의 통제로 여기는 경향이 있다.

성공적인 학습자들과의 인터뷰 내용을 소개해 보면 다음과 같다. 해부학 수업에 한 수줍은 3학년 학생이 있었는데, 하루 전에 하버드에 합격했다는 소식을 들었다고 했다. 한편 영어 수업에는 상당히 열정적인 2학년 학생이 있었는데, 자신은 시를 정말 좋아하지 않아서 자신이 시 작문 과제를 즐기게 될 것이라고 생각해 보지 않았다고 했다. 하지만 이 학생은 일단 '그렇게 나쁘지 않았고 그냥 즐겼다.'고 인정하였다(Brookhart, 2001, p. 165). 또한 2년 전에 돌아가신 자신의 증조부 삶에 관한 이야기를 더 많이 알아보기 위해 자신의 인터뷰와 조사 과제를 사용했던 11학년 학생도 있었다. 교사의 도움으로 이 학생들은 모두 자신의 교실 평가에서 수집된 학습에 관한 정보가 자신에게 유용하다는 것을 알게 되었다. 그들은 모두 수집된 학습에 관한 정보를 사용하는 방법을 스스로 알아냈다. 이러한 능동적인, 즉 자기주도적인 학습자의 통찰력을 공유하는 것은 훌륭한 일이다.

이 장의 중요한 요점 중 하나는 교사가 모든 학생에 대해서 형성적 피드백의 경험을 비계로 제공할 수 있다는 점이다. 교사는 학생들이 피드백을 활용할 수 있는 기회를 포함하는 수업을 의도적으로 계획할 수 있다. 이러한 기회는 학생이 자기조절적 학습방법을 배우는 데 도움이 되도록 체계적으로 구조화될 수 있다. 즉, 학습을 모니터링하는 방법, 피드백을 사고로 통합하는 방법 그리고 다음 단계를 조정하는 방법이다.

선행연구에서는 형성평가 과정에서 가장 약한 고리는 교사의 피드백 활용이라고 보고하고 있다. Heritage, Kim, Vendlinski와 Herman(2009)은 많은 교사가 다음 수업을 설계하는 것보다 평가정보를 통해 학생들이 수업을 얼마나 이해하고 있는지를 파악하는 것을 더 잘한다고 밝혔다. 만약 교사가 형성평가 정보에 근거하여 다음 수업을 결정하는 데 어려움을 겪는다면, 학생들에게는 얼마나 더 어렵겠는가? 그리고 여전히 몇몇 교사들은 학생들에게 피드백을 활용할 수 있는 기회를 당장 주지 않고 '다음 기회'로 넘기곤 한다.

이와 같이 지금이 아닌 나중에 사용할 수 있는 피드백은 효과적이지 않다. 피드백을 받는 시점과 상기시키는 시점 간의 시간이 길면 길어질수록 학생들은 피드백을 덜 사용하게 되며 구체적인 설명과 제안으로 피드백이 받아들여지기보다는 일반적인 평가 기억으로 희미해질 것이다. 우리가 기대하는 만큼 학생들은 우리의 피드백을 소중하게 기억하고 있지도 않을 것이며, 그 피드백을 반드시 필요한 순간에 기억해 내지도 않을 것이다. 교사는 학생에게 피드백을 즉각 활용할 수 있도록 구조화된 수업을 계획해야 한다. 우리는 피드백의 효과를 높일 수 있는 '장기적 안목'을 가져야 한다.

5장에서 언급한 바와 같이, 자기조절적인 학습과정의 마지막 단계는 반응과 성찰이었다. 또한 형성평가 주기의 마지막 단계에서는 '다음에 도달해야 하는 목표는 무엇인가?'라는 질문을 하게 된다. 즉, 피드백의 장기적 관점에서 보면 피드백은 단순히 제공하는 것에 그치는 것이 아니라 학생이 그것을 활용할 수 있는 기회 역시 제공해 주어야 한다는 것이다.

## 2. 피드백 활용 능력을 향상시키기 위한 전략

교사로부터 받은 피드백을 사용하는 것은 모든 학생에게 자연스럽게 이루어지는 것이 아니기에, 교사는 피드백 활용 전략을 가르쳐야 한다. 또한 자기평가와 동료평가는 각각의 장단점이 있지만 교사는 이러한 평가로부터 얻어지는 피드백의 유용성을 잘 활용할 필요가 있다. 〈표 6-1〉에는 학생의 피드백 활용 능력 향상을 위한 전략들을 요약하였다.

이상적으로, 자기평가(내부 피드백)와 교사 피드백(외부 피드백) 모두는 학생이 자신의 학습을 관리할 수 있도록 도와주어야 한다. 그러나 학생이 새로운 개념과 기술을 학습할 때는 수행에 관해 설명해 주기, 개선 전략을 제시하기와 같은 교사 피드백이 더 많이 필요할 것이다. 또한 교사가 제안하거나 시범을 보여 준 전략은 해당 기술을 익히는 데 필요한 학생 자신만의 전략의 일부가 될 것이다. 마찬가지로 교사가 피드백을 주면서 설명했던 학습목표나 성취기준은 학생 자신의 준거의 일부분이 될 것이다. 학생들에게 어떤 개념이 점점 익숙해질수록 학생들은 자신만의 학습전략을 생각해 낼 것

〈표 6-1〉 학생의 피드백 활용 능력을 향상시키기 위한 전략들

- 교사가 피드백을 제공하고 활용하는 방법을 직접 보여 주어라.
- 피드백의 출처가 어디인지를 가르쳐라.
- 자기평가 및 동료평가 기술을 가르쳐라.
- 피드백의 주인은 학생이기 때문에 피드백에 대한 관심을 증가시켜라.
- 자신의 질문에 답할 수 있고, 자기조절 전략을 기르도록 가르쳐라.
- 학습목표와 우수한 과제나 수행의 준거를 명확히 알려주어라.
- 가치 있고, 흥미 있는 과제를 사용하라.
- 과제의 목적을 설명하라.
- 지침을 명확히 제공해 주어라.
- 명확한 루브릭을 사용하라.
- 자신만의 루브릭을 개발하도록 하고, 혹은 교사의 루브릭을 '학생에게 친근한' 언어로 바꾸도록 하라.
- 수업에서 루브릭을 활용할 수 있도록 수업을 설계하라.
- 자신의 수행을 개선하기 위해 이전에 받은 피드백을 활용할 수 있도록 수업을 설계하라.
- 복잡한 과제를 다시 수행할 수 있는 기회를 제공하라.
- 조금 단순한 학습목표인 경우 새롭지만 유사한 과제를 부여하라.
- 자신이 받은 피드백으로 과제나 학업수행을 개선시킬 수 있는 기회를 제공하라.

이기 때문에 교사의 피드백은 점점 덜 필요로 하고 자기평가가 점점 많이 시행될 필요가 있다.

### 1) 피드백 제공 및 활용 방안에 대한 모델링

모델링(modeling)은 효과적인 교수방법 중 하나이다. 모델링은 교실에서 사용하는 전략 그 이상이다. 우리가 항상 삶의 교훈을 설명하기 위해 사용하는 속담처럼, 모델링은 우리의 문화 속에 구현되어 있다. '말을 행동으로 옮겨라(당신이 설교하는 것을 실천하라)'라는 속담은 사람들에게 모범을 보이라고 강요한다. '내 행동을 보지 말고 내 말대로 행동하라(내가 하는 것이 아니라 내가 하라는 대로)'라는 속담은 우리가 말한 것을 실천

하지 않을 때 다른 사람도 우리가 시키는 것을 해야 할 이유가 전혀 없다는 것을 인정하는 것이다.

먼저 교사는 수업 안에서 피드백을 제공하고 이를 활용하는 것을 보여 줄 수 있다. 한번은 한 고등학교에서 시 수업을 관찰한 적이 있다. 이 수업에서 교사는 자신이 쓴 시, 친구의 피드백, 그리고 친구의 피드백을 반영해서 새로 고쳐 쓴 시를 보여 주었다. 학생들은 고쳐 쓴 시가 얼마나 개선된 것인지, 그리고 친구의 피드백을 반영하기 위해 교사는 무엇을 했었는지 등에 대하여 토론하였다. 교사는 피드백을 받은 후 시를 수정하면서 작가로서 자신의 결정에 대해 다양한 생각을 했으며, 자신이 표현하려는 내용(어둠에 대한 시)과 자신이 작성한 시가 독자들에게 어떤 영향을 미치기를 원했는지를 설명해 주었다. 그런 다음 교사는 각 제안을 염두에 두고 각 시를 수정하는 방법을 결정하는 과정을 학생들에게 설명해 주었다.

다음으로 건설적인 비판을 할 수 있고 '실수'가 학생과 교사 모두에게 배울 수 있는 기회로 인식되는 교실 환경을 조성함으로써 비판에 대한 개방성을 모델링할 수 있다. 교사는 자신만의 어투와 다양한 피드백으로 과제물을 수정하기 위한 기회를 주고 개선된 점을 설명하는 모습을 학생들에게 보여 주면서 개방성 태도를 모델링하게 할 수 있다. 만약 학생이 개선된 것을 보여 준 후에도 기분이 나빴다면, 더 건설적인 비판에 대한 개방성은 아마도 줄어들 것이다.

### 2) 자기평가 기술 가르치기

자기평가와 동료평가 기술은 자연스럽게 나오지 않는다. 학생들은 자기평가 전략을 활용할 수 있는 수업에서 자기평가와 동료평가 기술들을 잘 습득할 수 있는데, 이때 이러한 전략들은 자신의 학습 향상에 필요한 정보를 준다고 생각되어야 한다. 이러한 접근법은 학생들에게 피드백이 어디서 오는지를 가르쳐 준다. 학생들은 자신의 프로젝트를 어떻게 개선하는지, 과제 작성은 어떻게 하는지, 수학 문제 해결 등 이러한 것을 배우는 동시에 전략도 배울 것이다.

자기평가에서 피드백은 학생 자신이 스스로에게 주는 것이므로 이때의 피드백은 '자신의 것'이다. 따라서 학생들은 이러한 피드백에 더욱 관심을 가지게 될 것이다. 자기평가에서 피드백은 자신의 질문에 스스로 답하게 하고, 피드백을 사용하는 데 필요한 자기조절 전략을 개발하는 데 도움이 된다. 몇몇 선행연구에서는 자기평가가 동료평가보다 학습에 더 강한 영향을 미친다고 밝히기도 하였다(Sadler & Good, 2006). 그 이유는 자기조절과 관련이 있는 것으로 보인다. 자기평가에서 학생들은 학습목표와 관련하여 자신의 활동을 모니터링, 평가 및 계획하는 방법을 연습하게 된다. 이것은 자기평가뿐 아니라 학습의 목표이기도 하다.

자기평가에 관한 연구결과(Andrade & Brown, 2016; Andrade & Valtcheva, 2009: Brown & Harris, 2013; Falchikov & Boud, 1989; Ross, 2006)에서는 유능한 자기평가자인 학생이 자기평가에 더 겸손하다고 보고되기도 하였다. 교사의 평가결과와 비교했을 때, 성취수준이 높은 학생은 자신의 수행을 과소평가하는 반면, 성취수준이 낮은 학생은 과대평가하는 경향이 있었다. 그리고 학생들은 시험에서의 자신의 수행을 비교적 정확하게 평가하는 것으로 나타났다. 자기평가의 질에 영향을 미치는 요인으로는 훈련과 연습, 평가기준을 논의할 수 있는 기회, 과제 및 준거의 성격(단순하고 구체적인 과제가 가장 효과적임), 그리고 과목에 대한 경험, 연령 및 학생 능력 등이 있다.

Andrade와 Valtcheva(2009)는 자기평가가 학습과 자기조절학습 능력 모두를 향상시킨다고 주장하였다. 반면, 자기평가가 단순히 성적부여(총합평가)를 위해서 사용될 때는 자기평가에 대해 부정적인 태도가 나타난다는 사실을 지적하였다. Ross(2006), Brown과 Harris(2013) 또한 자기평가와 자기조절학습 능력 사이의 밀접한 관련성을 강조하였다. 자기평가는 내적 통제 소재(internal locus of control)[2]를 강화하고, 규준참조에 비해 자기참조를 지원하며, 학생의 자기효능감과 학습참여를 높이고 긍정적인 학생-교사 관계에 기여한다.

---

2) [역자 주] 통제 소재란 사람들이 자신의 성공 또는 실패의 책임을 외적 또는 내적인 요인 중 어디에 있는가를 결정하는 성격 특성으로, 내적 통제 소재를 가진 사람은 성공 또는 실패가 자신의 노력이나 능력에 있다고 믿는다.

### 초등학교 수학 수업의 사례

학생들이 자기평가를 조직하고 이것을 피드백으로 활용할 수 있도록 돕는 한 가지 방법은 자신의 수행을 기록하고 성찰하게 하는 것이다. 한 초등학교 3학년 수업에서, 교사가 학생들에게 10주 동안 곱셈에 대한 퀴즈점수를 연속으로 기록하기 위해 막대그래프를 만들게 했다. 또한 다음 주에 몇 점을 받을 것인지를 예측하게 했다. 〈표 6-2〉에서는 매주 수학 퀴즈에서 받은 점수와 예측점수를 기록한 그래프를 보여 준다.

그래프와 함께, 교사는 학생이 자신의 수행을 성찰하고 다음 주에 수행을 향상시키기 위해 할 수 있는 일들을 계획하는 데 도움이 되도록 하는 수업을 설계하였다. 매주 학생들이 그래프를 작성하고 있을 때, 교사는 현재 위치(현재 퀴즈 점수), 목표(다음 주에 예상되는 퀴즈 점수 및 도달하기 위한 학습에 필요한 것), 그리고 학생들이 목표에 도달하기 위해서 무엇을 할 것인지에 대해 생각하도록 요청했다. 학생들이 사고를 시작하기 위해, 교사는 도움이 될 만한 학습전략의 대안들을 제공하였다. 즉, 플래시 카드를 공부하기, 곱셈 게임하기, 부모와 함께 공부하기, 숫자문장 쓰기, 반복적인 덧셈 사용하기, 그림을 그리거나 배열하기 등이다. 학생들에게 지난주에 가장 많이 사용했던 학습전략이 무엇인지, 그 학습전략을 얼마나 잘 수행했는지를 이야기하도록 수업을 설계하였다. 이를 통해 학습전략이 효과가 있었는지 여부를 결정했다. 그리고 그 결정에 기초하여 학습전략을 계속 사용하거나 새로운 학습전략으로 전환할 계획을 세웠다. 다음 주에 다시 학습전략의 효과를 평가할 수 있는 기회가 제공되었다.

이 일련의 수업에서 교사는 학생에게 피드백을 주지 않았다는 것에 주목하자. 더욱이 교사는 학생이 사용한 학습전략이 무엇이었고, 또한 이런 전략들이 성공적이었는지 등과 같은 피드백 정보를 알 수 있는 위치에 있지 않았다. 교사가 한 일은 오로지 자기평가 및 피드백을 사용하기 위한 반복되는 기회를 학생들에게 제공해 준 것뿐이다. 10주 후, 학생들은 이러한 질문에 스스로 익숙해졌다. 자신의 수행과 노력을 연결하는 것에도 익숙해졌고, 10주 동안 진행한 후에 수학 학습전략 목록을 내면화할 수 있었다. 이것은 그들 자신의 힘으로 '공부하는 방법을 배우는 것'이다. 하지만 수업에 있던 모든

〈표 6-2〉 수학 퀴즈 점수 그래프

## 수 학 퀴 즈

학생 활동지

이름: Sally

나의 수학점수와 예측점수 기록지

P = 예측 점수
A = 받은 점수

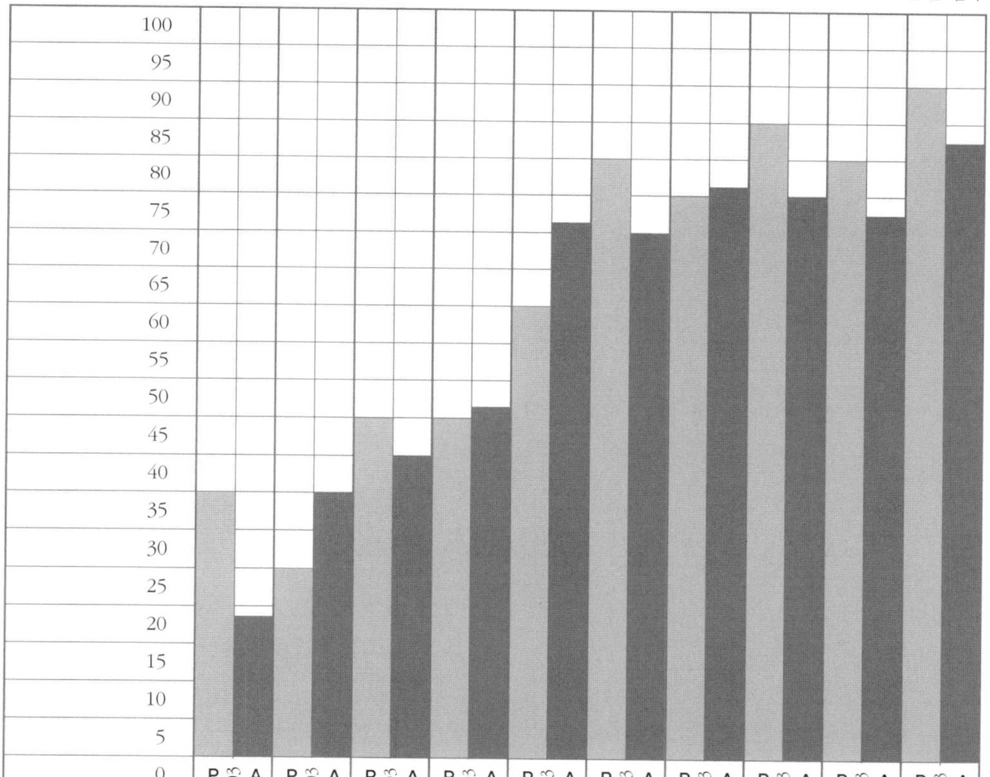


| 날짜 | 1/23/03 | 1/30/03 | 2/6/03 | 2/13/03 | 2/20/03 | 2/27/03 | 3/6/03 | 3/13/03 | 3/20/03 | 3/27/03 |
|---|---|---|---|---|---|---|---|---|---|---|
| 시험 점수 | 18 | 35 | 40 | 47 | 72 | 70 | 77 | 75 | 73 | 83 |
| 학생 예측 점수 | 35 | 25 | 45 | 45 | 60 | 80 | 75 | 85 | 80 | 90 |

출처: *Formative Assessment Strategies for Every Classroom* (2nd ed., p. 216), by Susan M. Brookhart, 2010, Alexan-dria, VA: ASCD에서 인용함.

학생이 곱셈을 배웠다는 사실을 듣게 되는 것은 놀랄 일이 아닐 것이다.

### 3) 동료평가 기술 가르치기

동료평가에 관한 연구는 주로 고등교육 분야에서 진행되어 왔다(Falchikov & Goldfinch, 2000). 대부분의 연구는 동료-교사 점수 간 일치에 관한 연구들(Falchikov & Goldfinch, 2000; van Zundert, 2010)이지만, 동료평가와 학습, 성취도 그리고 대인관계와의 관련성을 탐색하는 연구(Topping, 1998; van Gennip, 2009; van Zundert, 2010)도 이루어지고 있다. 동료평가의 기술은 '자연스럽게 생겨나는' 것이 아니다. 동료평가를 하는 방법에 대한 훈련이 학습결과를 향상시키는 것이다(van Zundert, 2010). 더 나은 피드백을 받은 학생들은 동료 피드백을 통해 더 많은 학습 혜택을 얻는다(van Gennip, 2009). 물론 평가자가 될 수 있는 동료로서의 자격과 사회적 당혹감은 잠재적인 이슈가 될 것이다(Topping, 1998).

Panadero(2016)와 Topping(2013)은 K-12 동료평가에 관한 연구를 고찰하였다. Panadero(2016)는 동료평가에 대한 전통적인 연구가 대부분 총합 점수(총합평가의 점수)의 신뢰도, 타당도와 관련이 있음을 보여 주었다. 그러나 보다 최근의 연구는 동료평가를 협력학습의 한 형태로 취급하고 있다. 그는 학생들이 동료평가에 대해 약간의 우려가 있으며 우정편향(friend bias)이 동료평가 점수에서 존재할 수 있음을 발견하였다. Topping(2013)은 학습 향상을 돕기 위한 동료평가의 역할에 관한 연구는 기반이 약하다는 것을 파악하였다. 초등 수준에서는 동료평가와 학습 간의 관계를 밝힌 연구가 거의 없지만, 중등 수준에서는 일부 연구가 있다. 중등학교 학생들은 동료평가의 가치에 의문을 제기했고, 동료평가로부터 받은 피드백은 정확하지 않을 수 있다고 생각하는 경향이 있었다. 긍정적이고 제안적인 동료 피드백은 학습에 긍정적인 영향을 미치지만, 지시적이고 교정적 피드백은 부정적인 영향을 미치는 것으로 알려져 있다. Panadero(2016)와 Topping(2013)은 어려움에도 불구하고 동료학습은 협력학습 전략으로 추구되어야 한다고 결론을 내렸다. 또한 이 두 학자는 협력적이고 형성적인 동료평가에 더 많은 투자를 하고, 동료들끼리 성적을 주는 것은 가급적 하지 않아야 한다고 조언하였다.

세심하게 다루기만 한다면 형성적 학습과정의 일환으로 동료평가를 활용할 수 있다고 본다. 학생들은 동료평가를 하면서 평가 준거를 적용해 보는 연습을 하게 된다. 이러한 연습은 학습목표를 달성하는 데 필요한 개인의 기술을 향상시키기보다는 학습목표에 대한 일반적인 지식을 얻도록 하는 데 도움이 된다. 또한 동료평가는 피드백과 건설적인 비판을 중요시하는 교실 환경을 조성하는 데 기여한다. 동료평가는 학습 향상을 위한 가장 직접적인 경로는 아닐 수 있기 때문에, 학급 동료들에게 외부적인 피드백을 제공하는 것이 수업의 목적일 때 사용하는 것이 좋다. 이때 피드백이 제공되는 활동이나 과제는 반드시 추후 수정할 수 있는 기회가 제공되어야 할 것이다.

### (1) 동료 에디팅을 위한 기본 규칙

동료 에디팅(peer editing)이란 동료가 쓴 글을 점검하여 교정해 주는 것을 의미한다. 프로젝트나 과제에 대한 글쓰기를 동료 에디팅하는 것은 흥미로울 수 있고, 많은 2차 의견의 원천이 되기는 하지만 경우에 따라서는 시간 낭비가 될 수도 있다. 동료 에디팅 기술은 연습과 함께 향상될 수 있으며, 몇 가지 기본 규칙이 도움이 될 수 있다. 교사가 기본 규칙 목록을 작성하여 교실에 게시해 두거나 유인물로 학생들에게 나누어 준다면 도움이 될 것이다. 〈표 6-3〉의 목록은 단지 제안일 뿐이다. 따라서 학생들에 맞추어서 목록을 재조정할 수 있다.

수업 중 동료 에디팅 과정을 보여 주기 위해 역할극을 만들어 볼 수 있다. 동료 에디팅을 역할극으로 보여 주려면 먼저 두 명의 학생(또는 더 큰 집단에서 많은 학생을 동료 에디팅에 사용할 수 있다)을 교실 앞에 오게 한다. 그런 다음 기본 규칙 목록을 제공하고 각 역할극 학생들에게 몇 가지 활동을 제공한다. 실제 작품이나 모든 학생에게 친숙한 작품, 예를 들어 '빨간 모자' 혹은 '메리에게 작은 어린양이 있었다(영어동요)'와 같은 작품이면 좋을 것이다. 실제 동료 에디팅 세션과 동일하게 책상을 배열하고 세션에 참여하지 않는 나머지 학생들이 지켜보는 동안 서로의 작품에 동료 에디팅하는 역할을 해 보

**〈표 6-3〉 동료 에디팅을 위한 기본 규칙**

- 동료의 작품(글)을 주의 깊게 읽어 보기
- 작품을 루브릭과 비교하기
- 사람이 아니라 작품에 대해 이야기하기
- 판단하지 말기[예: "잘못했다(좋지 않다)."라고 말하지 말 것]. 대신 작품에 대해 좋다고 생각하는 것, 추가해야 할 것과 개선 사항을 설명해 주기
- 구체적인 제안을 제시하기
- 생각하는 것을 말한 다음 글을 쓴 동료가 어떻게 생각하는지를 물어보기

게 한다.

나머지 학생들이 알아차리지 못하게 하면서 역할극을 하는 두 학생에게만 규칙 목록 중 어길 내용을 고르게 한다. 예를 들어, 세 번째 규칙을 어기는 역할을 하는 학생은 "엉터리야! 이것은 내가 본 최악의 작품인데!"와 같은 말을 할 수 있다. 다섯 번째 규칙을 어기는 역할을 하는 학생은 "근사한데!"와 같은 말을 할 수 있으며, 그것이 왜 좋았는지나 다음에 무엇을 해야 하는지를 설명하는 것과 같은 더 이상의 피드백을 제공하지는 않는다. 역할극 후에 반 학생들에게 어떤 규칙을 어겼는지를 구별하게 하고 그 이유를 말해 줄 수 있는지 질문한다. 토론에서, 그 규칙을 어기는 것이 동료 에디팅의 유용성에 어떤 영향을 미쳤는지 학생들에게 물어본다. 교사는 학생들이 기본 규칙을 이해하고 내면화할 기회가 생길 때까지 역할극을 여러 차례 해 보게 한다.

### (2) 학급발표에 대한 동료평가

수업에서 하는 발표가 청중에게 얼마나 명료하고 이해하기 쉽게 전달되었는지는 보통 중요한 평가 기준 중 하나이다. 수업시간은 이러한 학급발표에 대해 피드백을 줄 수 있는 좋은 기회이다.

학급발표에 대한 동료평가를 위해 학생들은 루브릭이나 피드백을 줄 수 있는 또 다른 형태의 평가 기준표 등에 익숙해져야 한다(예: 〈표 3-5〉의 루브릭 참조). 수업 관찰에 초점을 맞추려면 일종의 루브릭 또는 평가 준거를 사용하는 것이 중요하다. 보통 교사

는 “이 발표에 대해 어떻게 생각하니?”처럼 간단히 말하지는 않을 것이다. 교사는 피드백을 주기 위해 학생의 발표가 특정 평가 준거에 얼마나 잘 부합한다고 생각하는지 확인한다. 학생들이 평가 준거에 익숙해지는 가장 좋은 방법은 이러한 준거를 자신의 발표를 진행할 때 지침으로 활용할 수 있도록 하는 것이다.

각 집단이 발표할 때, 발표 집단에 속하지 않은 학생들에게는 발표를 관찰하면서 루브릭을 사용하여 자신의 견해를 적어도 한 가지 이상 기록하게 한다. 동료 에디팅에 사용되는 기본 규칙을 여기에서 조정하여 활용할 수 있다. 관찰은 학생의 발표에 관한 내용이어야 하며, 발표에 있어 좋은 점(준거에 따라)과 보완이 되거나 더 잘할 수 있는 점을 설명해야 한다. 각 집단이 발표한 후, 동료평가를 검토하기 위한 집단 활동 시간을 제공해 준다. 각 집단에게 그들이 받은 가장 유용한 동료 피드백이라고 생각하는 것과 다음 수업 발표를 위해 수정할 사항을 논의하게 한다. 물론 학생들이 피드백을 사용할 기회를 가질 수 있도록 다른 수업 발표 과제를 배정하는 것도 도움이 될 것이다.

### 4) 학습목표와 준거를 명확하게 하기

모든 수업에 대해 명확한 학습목표와 준거를 설정한 후 학생들이 목표를 달성하기 위해 수행하는 활동이 목표를 잘 구현하고 준거에 따라 잘 평가되도록 해야 한다. 그렇지 않은 경우 과제와 준거를 다시 설계하도록 한다. 양질의 과제와 루브릭 혹은 기타 준거가 효과적인 피드백을 가능하게 한다. 학습목표와 관련이 없거나 수행할 가치가 없는 과제를 피드백 기술로 보충할 수는 없다.

양질의 과제와 루브릭 혹은 준거는 효과적인 피드백의 시작이다. 만약 학생들이 자신의 과제를 할 때 아주 잘된 과제를 염두에 두고 한다면 피드백이 그 과정에서 자연스럽게 나오게 된다. 과제는 실제적으로는 학생들의 학습목표가 된다. 예를 들어, 학생들에게 “오늘 학교에서 무엇을 배웠니?”라고 질문하면, “오늘의 학습목표는 복합 문장에 쉼표를 올바르게 사용하는 것이었습니다.”라고 대답하지는 않을 것이다. 오히려 “우리는 쉼표를 올바르게 사용하는 것을 연습했어요.”라고 하기 쉬울 것이다. 만약 내용과 인지 수준에서(기억, 고차원적 사고) 과제가 의도한 학습목표와 일치하지 않는다면, 교사의 수업은 그것(의도한 학습목표)을 가르치지 않았을 것이다. 또한 교사는 피드백을 줄 수도 없을 것이다. 피드백은 학생들이 해야 할 일이 아니라 학생들이 한 일에 적용되어야만 한다.

과제는 다음의 특성을 갖도록 설계해야 한다.

- 수업의 학습목표 혹은 장기적 학습목표에 명시된 내용 지식과 기술을 사용하도록 요구하기
- 학습목표에서 명시된 인지과정(예: 기억 또는 고차원적 사고)을 사용하도록 요구하기
- 우수한 과제에 대한 준거를 명시하기(이러한 준거는 피드백과 최종평가를 위한 준거가 될 수 있음)
- 완전하고 명확한 지침을 제공하기

한편 준거는 학습목표와 연계되어야 하며, 구체적인 루브릭 혹은 준거 작성 지침은 다음과 같다.

- 과제가 학습목표에 명시된 내용 지식 혹은 기술을 보여 줄 수 있도록 요구하기
- 학습목표에 명시된 인지과정(예: 기억 또는 고차원적 사고)이 나타나게 하기
- 명확하게 설명하기

때로는 과제 자체가 잘 설계되었지만, 준거와 일치하지 않는 경우도 있을 수 있다. 이러한 오류는 보통 리포트 작성과 같은 서면 보고서에서 흔히 나타난다. 서면 보고서를 작성하기 위해서는 자료조사와 글쓰기 능력 등이 필요하지만 이에 대한 평가보다는 표지 모양이나 기계적인 부분(맞춤법이나 편집 등과 같은 작은 실수들)과 같이 외현적인 특성에 따라서 판단되는 경우가 많다. 만약 루브릭이 과제가 다루어야 하는 내용과 기술을 평가하지 않는다면, 루브릭을 기반으로 한 평가 및 피드백은 학습목표와 관련

이 없을 것이다.

### 5) 학생에게 친숙한 루브릭을 사용하기

과제를 지도하고 평가하기 위해 사용하는 루브릭이 학생들에게는 '선생님의 언어'로 들릴지도 모른다. 예를 들어, "철자법에 오류가 거의 없어서 문장의 의미를 모호하게 하지 않는다."와 같은 표현들은 글쓰기를 위한 루브릭에서 흔히 볼 수 있는 표현들이다. 만약 이와 같은 설명을 학생의 입장으로 바꾸어 말하면, 학생들은 이렇게 말할지도 모른다. "실수가 많지 않다. 말이 되는군!" 〈표 6-4〉는 서면 보고서의 루브릭이다. 이것은 사회과 과목을 위해 설계되었지만 다른 과목의 보고서에도 사용될 수 있을 정도로 충분히 일반적이다. 이것은 좋은 루브릭을 작성하는 원칙에 따라 작성된 것이다(Arter & McTighe, 2001; Brookhart, 2013). 교사는 학생들에게 '루이스와 클라크 탐험(Lewis and Clark Expedition)'[1)]에 대한 보고서를 작성하도록 과제를 주었다. 주제를 선택하여 보고서를 작성한 다음 작성된 보고서로 논지를 지지하도록 하는 것이 과제였다.

학생들은 다음과 같은 주제로 보고서를 작성했다. 즉, 특정 국가에 대한 루이스와 클라크 탐험의 효과, 아메리카 인디언에 대한 탐험의 효과, 원정대에서 토마스 제퍼슨의 역할, 원정 동안의 의식주이다. 학생들은 교사가 제안한 주제를 선택하거나 교사가 승인했다면 자신의 주제 중 하나를 선택할 수 있다. 보고서 작성과 논지를 지지하는 것을 배우는 것은 물론 연구를 수행하는 방법에 관해서도 배우며 루이스와 클라크 탐험에 대해 학습하는 것이 학습목표 중의 하나였다. 예를 들어, 이 보고서가 탐험하는 동안에 제퍼슨의 역할에 '관한' 보고서로 구성된 것이 아니라 스스로 논지를 찾아서 탐색하는 것으로 구성된 것이었더라면 어떨까? 예를 들어, '만약 제퍼슨이 탐험에서 경제적, 과

---

1) [역자 주] 미국의 세 번째 대통령인 토마스 제퍼슨에 의해 1804년 5월부터 1806년 9월까지 진행했던 탐험이다. 이 탐험의 주요한 목적은 새로이 얻은 영토의 동식물 생태계, 지리 그리고 천연자원들을 연구하고, 서대륙을 가로지르는 경로를 찾아내는 것이었다.

### 〈표 6-4〉 교사가 개발한 작문 루브릭 예시

| 배점 | 내용 | 조직 | 문법 | 시각화 |
|---|---|---|---|---|
| 4 | 논지가 명확하다. 많은 자료와 증거가 논지를 지지한다. 모든 자료가 관련이 있다. 이 자료에는 세부사항이 포함되어 있다. 정보는 정확하다. 적절한 출처를 참조하였다. | 정보는 자료가 지원하고자 하는 요점과 관련하여 명확하고 명시적이다. 정보는 논리적으로 구성되며 간결하게 제시된다. 흐름이 좋다. 도입, 전환 및 다른 연결 자료는 독자들을 몰입하게 한다. | 문법상의 오류는 거의 없으며 사소한 오류는 의미 전달을 방해하지 않는다. 문체와 어휘 선택은 매우 효과적이며 의미를 향상시킨다. 문체와 어휘 선택이 프로젝트에 적합하다. | 그래픽, 소품, 구성 혹은 멀티미디어의 사용이 과제의 목적을 달성하는 데 효과적이다. 자료는 제작할 지점과 명확하게 연결되어 있다. 자료가 없으면 분명하게 지적되지 않았을 것이다. 자료의 사용은 다양하고 적절하다.<br>자료 사용은 독창적이며 독자의 관심을 사로잡는다. |
| 3 | 논지가 명확하다. 적절한 양의 자료와 증거가 논지를 지지한다. 대부분의 자료가 관련이 있다. 이 자료에는 세부사항이 포함되어 있다. 정보는 대부분 정확하다. 적절한 출처를 참조하였다. | 정보는 비록 모든 관련성이 설명되지는 않지만, 자료가 지원하고자 하는 요점과 명확하게 관련 있다. 정보는 논리적인 방법으로 제시된다. 흐름이 적절하다. 도입, 전환 및 다른 연결 자료는 독자들을 이끈다. 갑작스러운 전환이 의도된 의미를 방해하지는 않는다. | 몇 가지 문법상의 오류가 있으나, 오류는 의미 전달을 방해하지 않는다. 문체와 어휘 선택은 대부분 효과적이며 프로젝트에 적합하다. | 그래픽, 소품, 구성 혹은 멀티미디어의 사용이 과제의 목적을 달성하는 데 도움이 된다. 자료는 제작할 지점과 연결되어 있다. 자료의 사용은 다양하고 적절하다.<br>자료 사용은 다소 독창적이다. |

| | | | | |
|---|---|---|---|---|
| 2 | 논지가 다소 불명확할 수 있다. 약간의 자료와 증거가 논지를 지지한다. 자료의 일부가 관련이 있고 나머지는 그렇지 못하다. 이 자료에는 세부사항이 부족하다. 정보는 어느 정도 불명확하다. 적어도 몇 개의 출처는 적절하다. | 몇몇 정보는 자료가 지원하고자 하는 요점과 관련 있다. 그러나 관련성은 설명되지 않는다. 정보는 전체적으로 논리적인 방법으로 제시되지 않는다. 비록 몇몇의 구조는 명확하다. 흐름이 고르지 않다. 도입, 전환 그리고 다른 관련된 자료가 부족하다. | 주요한 문법상의 오류가 있어 의미 전달을 방해한다. 문체와 어휘선택이 단순하고 단조로우며 효과적이지도 않고 전체적으로 적절하지도 않다. | 그래픽, 소품, 구성 혹은 멀티미디어가 과제의 목적과 전체적으로는 연결되지 않는다. 모든 자료는 제작할 지점과 연결되어 있는 것은 아니다. 자료의 사용은 적절하지만 독창성이 부족하다. |
| 1 | 논지가 명확하지 않다. 많은 자료가 전체 주제와 관련이 없으며 정확하지 않다. 세부사항이 부족하다. 적절한 출처를 참조하지 못하였다. | 정보는 자료가 지원하고자 하는 요점과 관련이 없다. 정보는 논리적인 방법으로 제시되지 않는다. 자료들은 흐름에 맞지 않다. 관련 없는 자료가 연속적으로 제시되었다. | 주요한 문법상의 오류가 있어 의미 전달을 불명확하게 한다. 문체와 어휘선택이 비효율적이며 부적절하다. | 그래픽, 소품, 구성 혹은 멀티미디어가 과제의 목적과 연결되지 않는다. 자료는 제작할 지점과 연결되지 않는다. 자료가 관련성이 없으며, 적절하지 않고, 독창적이지 못하다. |

학적 혜택이 있을 것이라고 믿지 않았더라면 루이스와 클라크 원정대가 존재하지 않았을 것이다.'로 시작하는 보고서였지 않을까? 교사는 교실에서 몇 가지 자료를 제공하고 학교 도서관에서 공부할 시간을 부여했다. 최종 작품은 정보를 제공하고 시각적(표, 차트, 그림)으로 설명하는 논지를 진술하는 서면 보고서였다. 〈표 6-4〉의 루브릭은 과제의 한 부분으로 제공되었다.

루브릭은 과제의 목표에 적합했으며, 대부분의 학생은 그것을 이해할 수 있었다. '학생에게 친근한' 루브릭을 장려한다고 해서 대부분의 학생이 교사가 작성한 루브릭을 실제로 이해하지 못한다는 것을 의미하는 것은 아니다. 그러나 이 루브릭은 학생들이 말하는 방식으로 표현되지 않았기 때문에 과제를 하면서 학생들의 자기조절학습 능력을 향상시키기 위해 준거를 염두에 두는 데에는 도움이 되지 않을 것이다. 그리고 이 책에서 중요시하는 것은, 이러한 루브릭이 교사가 제공하는 피드백을 학생이 어떻게 받아들이는지와는 다른 방식으로 쓰여 있다는 점이다.

학생들이 준거를 이해하고, 자신의 보고서 작업 과정을 모니터링하면서 교사의 피드백을 이해하도록 돕기 위해, 교사는 과제를 주는 날에 학생들이 연습할 수 있는 시간을 마련하였다. 과제를 제시한 후 학생들을 3~4명의 집단으로 나누었다. 교사는 학생들에게 준비한 루브릭 사본과 빈 템플릿을 주었다. 템플릿은 준거제목과 준거점수가 있는 루브릭과 동일한 표로 구성되어 있지만, 각 레벨의 해당 점수에 대한 설명 칸은 비워 두었다.

학생들은 빈 양식을 활동지로 사용하고, 합의된 언어로 집단별 한 부씩 작성하여 교사에게 제출하기 위해 루브릭을 자신의 단어로 바꾸어 갔다. 교사는 이것을 선택 사항으로 제시했으며, 전체 학급은 루브릭의 각 칸 안에 무엇을 쓸 것인지를 결정했다. 예를 들어, 학생들이 설명 중 하나의 측면을 놓친 것 같으면 교사는 필요에 따라 이 토론 중에 구두로 안내와 피드백을 제공한다. 그 결과 〈표 6-5〉처럼 학생에게 친숙한 루브릭이 만들어졌다. 이 루브릭은 교사의 루브릭보다 사용하기 더 쉽고 재미있었다. 이런 연습은 생각보다 많은 장점이 있다.

텍스트를 이해하고 자신의 말로 표현하는 것은 고전적인 이해활동이다. 이러한 연습

**〈표 6-5〉 학생이 개발한 작문 루브릭 예시**

| | 내용 | 조직 | 문법 | 시각화 |
|---|---|---|---|---|
| 4 | 요점을 잘 정리하였고, 이 요점을 지지하는 글을 잘 씀 | 논리적<br>조직적<br>흐름이 좋음 | 부드럽게 읽힘 | 근사한 그래픽 |
| 3 | 요점을 잘 정리하였고, 요점을 지지하는 글을 대체로 잘 씀 | 논리적이나<br>조직적이 다소<br>부족함 | 괜찮게 읽힘 | 좋은 그래픽 |
| 2 | 요점이 그다지 명료하지는 않았고 일부 정보가 틀리거나 생략됨 | 약간 논리적<br>약간 조직적<br>흐름이 고르지 않음 | 읽기 어려움 | 괜찮은 그래픽 |
| 1 | 요점이 전혀 없고 정보도 틀리거나 부족함 | 논리적이지 않음<br>조직적이지 않음<br>흐름이 안 맞음 | 읽을 수 없음 | 그래픽이 좋지 않고 핵심과 관련 없음 |

의 중요한 결과는 학생들이 준거를 이해했으므로 공부를 하거나 과제를 수행하는 동안 자기조절을 더 잘할 수 있을 것이고 자신의 과제를 준거와 비교하여 피드백을 이해할 수 있다는 것이다.

### 6) 피드백을 활용할 수 있도록 수업을 설계하기

학생이 이전 과제에 대한 피드백을 사용하여 더 나은 수행을 할 수 있도록 수업을 설계할 필요가 있다. 예를 들어, 사실이나 개념에 대한 지식과 이해가 필요한 학습목표의 경우, 일련의 과제와 퀴즈를 사용하여 학생 자신이 알고 있는 것과 여전히 이해해야 하는 것을 알게 해 줄 수 있다. 각각의 연속된 과제로부터 받은 피드백은 학습에 대한 정보를 제공해야 하며, 다음 과제에 도움이 되어야 한다. 보통 단원평가나 성적에 들어가는 다른 중요한 과제를 할 때가 되면 학생들의 성적은 가장 높게 올라가 있을 것이다. 만약 그렇지 않은 학생들이 있다면, 그들에게 그것을 지적해 줄 필요가 있다.

예를 들어, 한번은 3002−284와 같은 수학 문제를 해결하기 위해 활동지를 활용하는 5학년 교사를 관찰한 적이 있다. 이 활동지에는 20개의 문항이 있었으며 학생은 12개만 정확하게 풀었다. 잘못 푼 8개의 문제에서, 오류는 항상 여러 자릿수에 걸친 받아 내림이었다. 나머지 학생들이 문제를 푸는 동안, 교사는 틀린 학생과 함께 8개의 문제 중 첫 번째 문제에 피드백을 제공했다. 교사는 학생에게 각 단계에서 자신이 하고 있는 것을 분명히 표현하게 하였다. 그런 후에 교사는 다음 잘못된 문제를 직접 해결하도록 요청하면서 여전히 각 단계에서 학생이 문제를 푸는 방식을 명확하게 설명했다. 마지막으로, 교사는 학생에게 과제를 주었다. 받아 내림을 위한 동일한 논리와 전략을 사용하여 나머지 6개의 문제를 다시 풀어오게 하였다. 여기에서 교사가 과제를 검토하고 학생에게 더 많은 피드백을 제공하였지만 수정된 과제는 채점되지 않았다. 학생은 자신의 전략을 잘 사용하였고 이번에는 받아 내림 문제를 풀 때 숫자를 잘못 옮겨 쓴 한 문제만 틀리고 나머지는 모두 맞았다.

이제 교사와 학생은 여러 자릿수에서 받아 내림을 하는 능력이 개선되었다는 것을 알게 되었으므로, 다음 연습 문제를 모니터링할 것이고, 결국 학생은 성적이 반영되는 총괄평가에서 우수한 성취를 보여 줄 것이다. 여기에서는 교사가 학생 스스로 학습을 위해 피드백을 사용할 수 있는 방식으로 그리고 자신이 향상되는 것을 볼 수 있는 기회를 주는 과제로 교수적 단계를 설계하였다는 것에 주목할 필요가 있다. 마지막으로 이러한 학습 단계를 설계한 다음 최종적으로 총괄평가를 실시하였다.

피드백을 사용할 수 있는 기회를 제공하는 수업의 또 다른 예시로는 장기 프로젝트가 있다. 교사는 장기 프로젝트를 완성하기 위해 필요한 수행 활동을 잘 구조화시킨 뒤, 이러한 활동에 대하여 연속적으로 피드백을 제공하는 것이다. 그렇게 되면 최종 산출물은 학생들이 할 수 있는 최선의 작품이 될 것이다. 다음의 내용은 교사가 이를 위해 점검해야 할 사항들이고, 이는 사회나 과학 프로젝트에 적용될 수 있을 것이다.

- 주제를 선택한 후 짧은 회의를 갖거나 고학년 학생들에게는 주제의 적절성 및 연구의 필요성을 설명하는 문단을 작성하게 하여 이에 대한 서면 피드백 제공하기

- 계획이나 개요를 작성한 후 간단한 회의를 하거나 서면 피드백 제공하기
- 보고서 초안이나 도표, 자료 등에 대하여 간단한 회의 또는 서면 피드백 제공하기

학생 자신이 받았던 피드백과 자신의 과제에서 개선된 사항들과의 관련성을 파악할 수 있도록 해야 한다. Sally의 두 번째 보고서가 훨씬 나아진 것은, 이전의 보고서에서 확인된 결점을 보완한 결과라는 것은 명확해 보인다. 그러나 Sally는 자기조절 능력과 통제가 이런 관련성을 확인하는 데 도움이 될 것이라는 점을 비록 그녀가 그렇다고 할지라도 반드시 알 필요는 없을 것이다. 때때로 그 과정에 관한 추가적인 구두 피드백만 있으면 된다. "Sally, 나는 네가 마지막 보고서 이후에 우리가 논의한 것처럼 세부사항을 추가하는 데 실제로 노력한 것을 보았어. 네 자신을 자랑스럽게 생각하길 바란다. 그러한 추가 세부사항으로 인해 이 보고서를 훨씬 더 재미있게 읽을 수 있게 되었어."

#### (1) 총합평가의 형성적 활용

피드백은 '형성적'으로 되기를 바라는데, 이는 피드백이 학습에 도움이 되어야 함을 의미한다. 피드백을 가장 잘 활용할 수 있는 타이밍은 아마도 학생들이 성적을 받기 위해 자신의 과제를 최종 제출하기 바로 전일 것이다. 하지만 피드백을 제공할 수 있는 몇 가지 좋은 기회는 총합평가 후에 온다. 우수한 학생은 이 피드백 정보를 잘 기억하면서 추후 학습을 위해 활용한다. 만약 교사가 피드백을 잘 활용할 수 있는 또 다른 기회를 제공한다면 모든 학생은 총합평가에서 받은 피드백으로부터도 도움을 받을 수 있을 것이다.

피드백을 제공한 후에 숙제를 다시 수행할 수 있는 기회를 학생에게 주는 것이 효과적인 경우도 있다. 대표적으로 발달적 학습목표(글쓰기 또는 문제해결과 같은 장기적 학습목표)를 가진 과제의 경우가 이에 해당한다. 학생들은 피드백에서 받은 정보를 가지고 수정하여 과제를 훨씬 더 발전시킬 수 있다.

수정한 과제를 받아들일 것인지에 대한 조건은 조심스럽게 구성해야 한다. 교사는 학생이 과제를 수행하고 난 다음 교사에게 확인을 받고 수정을 해야 하는 상황은 피하고

싫어한다. 이것은 학생의 자기주도학습 능력을 저해할 뿐만 아니라 이 책이 주장해온 모든 좋은 원칙에 위배되는 것이다. 처음부터 할 수 있는 만큼 최선을 다한 후, 어떻게 하면 더 잘할 수 있는지 성실하게 찾아보는 학생은 과제를 다시 할 수 있는 기회로부터 이득을 얻을 것이다. 과제를 다시 수행할 필요가 없는 다른 학생에게는 피드백을 사용하여 자신의 강점을 쌓을 수 있도록 과제를 또다시 할 수 있는 동등한 기회를 제공해야 한다.

내용 지식을 숙달해야 하는 과제는 새로우면서도 비슷한 과제가 필요하다. 예를 들어, 학생들이 시험을 검토하면서 이해하지 못했던 사실과 개념을 알게 되었다고 하자. 그 후에 동일한 시험지를 다시 주었을 때, 학생들의 거의 만점에 가까운 점수는 완벽한 지식을 반영해 주는 것은 아닐 것이다. 그것은 그들이 처음 틀린 문제의 정답을 잘 암기했음을 의미할 것이다. 그러나 일단 학생들이 시험을 치른 후에, 자신을 개선하는 데 피드백을 사용했다는 것을 보여 주는 기회를 주는 것은 좋은 방법이다. 이런 경우에 필요한 것이 새로우면서 유사한 과제이다. 즉, 유사한 내용을 다루지만 다른 문항들로 구성되어 있는 시험이다(예: 더 유사하지만 동일하지는 않음, 여러 자릿수에 대한 받아 내림 문제 또는 동일한 내용을 알아야 할 수 있는 또 다른 과제).

### (2) 과제나 시험에 대한 피드백 제공

다음 단원으로 넘어가거나 과제를 시작하기 전에 단원 평가 또는 과제를 학생들이 검토하도록 할 필요가 있다. 피드백은 진정으로 무언가를 제공할 수 없다면 '피드백'이 아니다. 너무 늦어서 사용할 수 없는 정보는 도움이 되지 않는다. 피드백을 제공할 때는 실제로 피드백을 반영할 기회가 있다는 것을 알려주어야 한다. 그렇지 않으면 학생들은 피드백을 무시하는 법을 더 빨리 배울 것이다.

먼저 교사가 주는 집단 피드백과 학습목표 간에는 명확한 관계가 있어야 한다. 명시적이어야 한다. 예를 들어, "나는 너희들 모두가 할 수 있기를 원해…. 그래서 우리는 다시 살펴볼 필요가 있어…."라고 하는 것이다. 시험 문항이나 과제를 살펴보면서 시험 결과에서 나타난 특징적인 양상이나 학생들의 강약점을 강조해서 말해 주어야 한다. 또한 학생들에게 개별과제에 대한 피드백을 검토하거나 필요에 따라서 더 구체적인 정보를 주기 위해 자신의 시험지 결과를 분석해 보게 하는 것도 도움이 된다.

학생들은 시험이 자기 점수의 일부가 되는 중요한 평가라는 것을 빨리 배운다. 이런 이유에서 많은 학생은 점수에 집착하고 거기서 멈춘다. 그래서 시험은 보통 사용되지 않는 정보로 가득하다. 시험결과를 분석하는 것은 정보의 금광(gold mine)과 같은 것이다. 그러나 학생들이 그 정보를 사용할 기회를 얻을 수 있다는 것을 알고 있는 경우에만 피드백이 효과가 있다.

시험이 '학습결과에 대한 평가'가 아니라 '학습을 위한 평가'가 되도록 구성할 수 있다. Brookhart의 저서 『Formative Assessment Strategies for Every Classroom』(2010)에서는 소규모 집단활동으로 시험을 검토하기 위한 도구를 소개하고 있으며, 그 집단활동으로부터 정보를 사용하는 방법도 제시되어 있다. Stiggins(2007)는 개별활동으로서 시험을 검토하는 방법을 제안하였다. 〈표 6-6〉의 양식은 두 가지 출처의 아이디어를 사용하며, 선다형 시험 혹은 정답과 오답이 있는 단답형 시험 후 자기평가 수업으로 사용될 수 있다. 시험이 선다형인 경우, 학생과 함께 시험 검토의견서 양식을 사용하기 전에 '정답' 열에 답(A, B, C, D 등)을 넣어라. 이 양식은 수학시험이나 단답형 시험의 경우에도 사용할 수 있다. 이런 경우에는 '정답' 열에 정답(예: '5cm' '$4m^2$')을 적으면 된다.

**〈표 6-6〉 시험 검토의견서**

| 문항 번호 | 정답 | 틀린 이유를 쓰시오. | 내가 앞으로 보완해야 하는 것이 무엇인지 적으시오. |
|---|---|---|---|
| 1 | | | |
| 2 | | | |
| 3 | | | |
| 4 | | | |
| 5 | | | |
| 6 | | | |
| 7 | | | |
| ⋮ | | | |

학생들에게 시험을 통해 자신이 무엇을 알고 무엇을 모르는지를 파악할 수 있을 것이라고 말하며 수업을 시작할 수 있다. 또한 해당 주제 영역에서 학생의 인지 수준을 향상시킬 수 있는 전략을 세우기 위해 채점된 시험지를 검토할 것이라고 말하면서 수업을 소개할 수 있다. 학생들에게 왜 오답을 작성하게 되었는지 브레인스토밍해 보도록 하면 다음과 같은 이유가 나타날 것이다. 아마도 학생들의 오답 이유는 다음과 같을 것이다.

- 오타(학생은 답을 알고 있었지만 어떤 이유에서 올바른 표시를 하지 못했음)
- 부주의한 실수(학생은 답을 알고 있었겠지만, 문제를 너무 빨리 읽어서 중요한 단어는 건너뛰었음, 혹은 자신의 학습 습관과 관련된 부주의한 실수 때문임)
- 오해(학생은 자신이 답을 알고 있다고 생각했지만, 자신의 이해가 잘못된 것이었음)
- 지식 부족(학생은 진정으로 알지 못함. 때로는 "전혀 모르겠어요."라고 표기하기도 함)

대부분의 학생은 자신이 마킹 오류 또는 부주의한 실수를 했을 때와 이해하지 못해 오류를 범했는지를 구별할 수 있다. 오해를 이해 부족과 구별하는 것은 더욱더 어려운 일이다. 결국, 오해를 인식한다는 것은 적절한 개념을 배웠다는 것을 의미한다. 이 검토의견서를 사용하려면, 학생들에게 오타 및 부주의한 습관으로 인한 오답과 학습문제를 해결하지 못해 틀린 오답을 구별하도록 해야 한다.

채점된 시험지와 검토의견서를 나눠주고 학생들에게 자신의 수행을 검토할 시간을 주어라. 어떤 학생들은 자신이 해야 할 것을 알아내기 위해 코칭이 필요할 수도 있다. 학생들은 과제를 제출하기 전에 신중하게 과제를 점검하는 것이 부주의한 실수를 방지하는 전략임을 알아야 한다. 그리고 오해를 방지하는 데 도움이 되는 전략에는 다양한 유형의 학습이 포함되어 있을 것이다. 학생들이 자신의 실수 패턴을 찾을 수 있도록 격려해 주어야 한다. 모든 '이해하지 못하는' 문항들이 하나 또는 두 개의 개념이나 기술에 대한 것인가? 학생들이 자신의 계획을 구체화할 수 있도록 격려해 주어야 한다. "더 많이 공부하라."는 것은 도움이 되기에는 너무 모호한 계획이다. 학생들은 자신이 틀린 문항의 종류에 따라 무엇을 공부해야 할지를 구체화시킬 수 있어야 한다. 이상적으로는 학생들이 공부하는 전략(예: 특정 유형의 수학 문제를 푸는 방법)을 배워야 하는지, 개념(예: 광합성 동안 잎의 다양한 부분의 기능)을 배워야 하는지 여부를 말할 수 있어야 한다. 왜냐하면 학습전략을 공부하는 방법과 개념을 공부하는 방법은 서로 다르기 때문이다. 학생들은 이 공부를 하는 동안에 자신이 무엇을 할 것인지를 교사에게 말할 수 있어야 한다.

일단 학생들이 자신의 시험지를 검토하고, 틀린 답이 왜 틀렸는지를 결정한 다음 그것에 대해서 무엇을 할 수 있는지를 표시한다면, 그들이 생각해 낸 전략을 토론할 수 있는 간단한 마무리 시간을 가질 필요가 있다. 학생들은 교사가 시험점수로 무엇을 하려고 하는지에 관심을 보일 것이다. 학생들에게 좋은 결과를 주기 위해 피드백을 줄 수 있다면 가장 좋다. 또 다른 유형의 시험이 가능한 경우, 이러한 자기평가 세션과 약간의 학습시간을 두 번째 버전의 시험으로 진행한 다음 두 점수 중에 더 나은 성적을 기록할 수 있을 것이다.

교사는 일종의 수업 형태나 원래 단원의 한 부분으로 그 단원 내용에 적합하게 학생들이 사용할 수 있는 학습전략을 가지고 있어야 한다. 필요에 따라 학생들에게 유용한 전략을 제시해 줄 수 있다. 예를 들어, 문제해결전략은 특정 내용의 수학 수업이나 다른 과목에도 유용할 수 있다. 학습전략은 특정 사실이나 개념을 기억하는 연상기호장치(mnemonic device)와 같은 매우 구체적인 것부터 노트정리, 개요작성과 같은 좀 더 일반적인 학습전략에 이르기까지 다양하다. 이러한 전략들은 생각보다 효과적이다. 나는 초등학교 시절에 'ROY G. BIV'가 무지개 색의 첫 글자를 딴 것이라고 배웠고, 여전히 '빨－주－노－초－파－남－보'를 암송할 수 있을 뿐만 아니라 오늘날까지 'ROY'를 기억하고 있다. 또한 요약한 내용 중 일부가 나의 기억에서 사라진 후에도 나는 개요를 작성하고 메모하는 방법은 기억하고 있다. 과목마다 학생들이 학습하는 데 도움이 되는 전략들이 있다. 이러한 전략에는 무엇이 있는지, 이러한 학습전략을 어떻게 가르치는지를 아는 것은 그 분야의 학문에서 교육학적 내용 지식의 일부분이다.

## 3. 요약

지금까지 우리는 학생이 피드백을 활용할 수 있도록 계획을 세우고, 학습에 도움을 주기 위한 원칙들을 살펴보았다. 이러한 원칙들은 모두 학습방법에 대한 경험적 연구로부터 도출된 것이다. 이 원칙들은 모든 교과에 적용될 수 있기는 하나, 교과에 따라서 중요하게 생각하는 과제의 유형에는 차이가 있다는 점을 고려해야 한다. 또한 피드백은 과제나 수행의 성격, 그리고 필요한 학습전략 등에 따라서 차이를 갖게 된다. 즉, 모든 교과에 대해서 피드백이 일률적으로 적용되지는 않는다는 것이다. 이와 관련한 내용은 다음 7장에서 다루고자 한다.

7장

# 교과별 피드백 제안

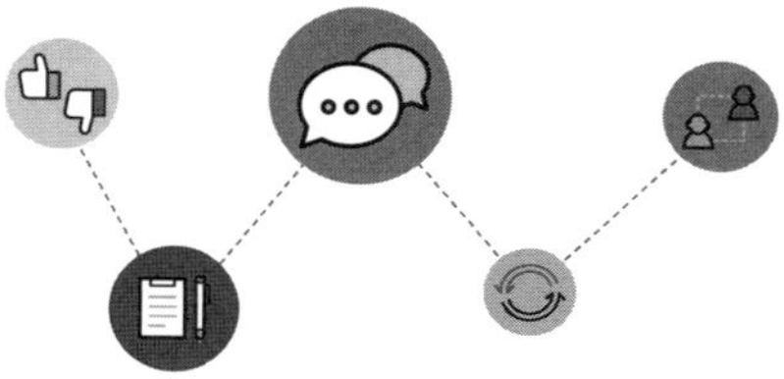

교과 및 내용 영역에 따라 피드백을 제공하는 방식에는 차이가 있을 수 있다. 즉, 특정 내용 영역에서 더 유용하게 쓰이는 피드백 방안이 있다. 이 장에서 모든 가능한 교과나 내용 영역을 다룰 수는 없지만 기본 교과의 내용 영역에 적용되는 피드백 제공 방안에 대하여 논의하고자 한다. 즉, 이 장에서는 초등 읽기 영역, 초등 및 중등 쓰기 영역, 수학문제해결 영역, 사회 또는 과학 교과서 이해 및 내용 영역에서 특히 프로젝트 유형의 과제를 위한 효과적인 피드백 전략들을 다룰 것이다.

## 1. 초등 읽기 영역

한 초등 읽기 교사는 1년 동안 형성평가와 관련된 교사 전문성 연수에 참여하였다. 이 교사는 자신의 수업에서 형성평가를 꾸준히 사용할 수 있기를 원했다. 또한 학생들이 자신의 학습 진전 과정을 인지하고, 읽기 성취도에 대해 책임을 지기를 기대하였다.

이 교사의 학생들은 읽기 공부를 위한 특별한 도움이 필요한 경우가 많았고, 또한 자신이 학습의 주체라는 인식에 익숙하지 않았다.

교사는 자신의 일지에 구체적인 피드백을 사용하고 싶다고 기록하였다. 이러한 구체적인 피드백은 교사 스스로에게 학생의 강점과 약점을 인지하게 해 줄 것이고, 학생들에게는 자신이 잘하고 있는 점과 더불어 약점을 개선하기 위해 무엇을 해야 하는지를 알려줄 수 있다. 이를 위해 교사는 비공식 관찰을 체계적으로 기록해야 한다는 것을 깨달았다. 또한 관찰 내용을 성찰하고 이러한 성찰에 학생들이 관여하기를 원했다. 교사는 인식 향상, 조직화, 성찰이라는 세 가지 목적을 가지고 있었으며, 이는 각각 학생과 교사 모두의 입장에서 목적이 될 수 있는 양면성을 가지고 있었다. 학생의 강점과 약점을 관찰하고 성찰하는 데 체계적인 시스템을 갖추고 있거나 학생들이 체계적으로 강점과 약점에 대한 정보를 받아들여 성찰할 수 있다면, 더 나은 교수(teaching)를 제공할 수 있었을 것이라며 다음과 같이 일지에 작성하였다. "궁극적으로, 나는 학생이 독립적인 독자가 될 수 있도록, 특히 잘하고 있는 것은 무엇이며 잘못하고 있는 것은 무엇인지에 집중하고 적극적으로 참여하기를 원했다."

교사가 고안한 전략은 수업의 일부분으로 이미 실시했던 읽기 평가로 시작하는 것이었다. 학교 읽기 프로그램에서 요구하는 유창성 수준을 기록해 가면서 최소한 매주 학생들이 읽는 것을 들었다. 그런 다음 이를 비공식적으로 관찰 메모지에 기록하였다. 관찰된 사항을 글로 쓰면서 교사가 쓴 내용과 그 의미가 무엇인지를 학생들에게 말해 주었다. 예를 들어, "나는 오늘 네가 손으로 따라가며 읽기를 잘했다고 적었어. 그리고 약간의 단어를 소리 내고는 있지만, 크게 소리 내는 데는 조금 어려움이 있다고 적었어. 확실하지 않더라도 단어를 소리내어 읽는 것은 정말 중요하거든. 그렇게 하면 단어를 빨리 익힐 수 있을 거야." 교사는 평가지에 관찰 내용을 작성한 뒤, 학생들이 집에 가져갈 수 있도록 학생에게 친숙한 표현으로 작성된 메모를 주었다.

이 교사는 관찰한 내용을 적어서 공유하는 데 학생들이 많은 관심을 가진다는 사실을 알게 되었다. 이러한 관심을 활용하고, 학생이 학습의 주체가 될 수 있도록 하기 위해, 각 학생들을 위한 진도 기록지를 고안했다(〈표 7-1〉 참고). 학생이 목표(예: 단어를

〈표 7-1〉 읽기 진도 기록지

| 이름: ___________ | | | | |
|---|---|---|---|---|
| 날짜 | 단원 | 진도 | 목표 세우기 | 도달 여부 |
| | | | | |
| | | | | |
| | | | | |
| | | | | |
| | | | | |
| | | | | |
| | | | | |

출처: Sparrow Graper, Armstrong School District, Pennsylvania의 허락하에 사용함.

소리내어 읽기)를 달성할 때마다, 교사는 '도달 여부' 항목에 '바를 정(正)' 표시를 하였다. 다섯 번을 기록한 후에, 학생과 교사는 목표를 다시 생각해 보고, 목표가 달성되었는지 또는 여전히 노력이 더 필요한지를 결정하였다. 학생들은 목표를 향해 전진하고 있다는 증거가 쌓이는 것에 대하여 열정적이었다. 이 교사는 다음과 같은 내용도 일지에 썼다. 만약 교사가 제대로 관찰하지 못하고 있는 것처럼 보이면, 학생들이 "선생님, 보세요. 제가 목표를 위해 노력하고 있어요!"라고 알려주곤 했다. 진도 기록지는 학생들에게 더 나은 독자가 되기 위해 할 수 있는 구체적인 내용을 제공해 주었다. 학생의 관점에서 볼 때, 이제 더 이상 읽기는 "선생님이 오늘 내가 무엇을 하기를 원하시지?"가 아니었다. 오히려 진도 기록지를 통해 "오늘 내가 무엇을 해야 하지?"로 말을 바꾸는 데 도움이 되었다. 3학년 학생들은 집으로 가져갈 수 있는 진도 기록지에 목표를 직접 적어둘 수 있었다. 반면, 저학년 학생들은 구두로 이야기하는 것으로 목표 정보를 공유하는 것을 선호하였다.

이러한 피드백은 세 가지 렌즈가 작동하는 것을 보여 준다. 우선 **미시적 관점**으로, 피드백 메시지 자체에서 가장 중요한 점은 학생들에게 학습의 주체는 학생 자신이라는 점을 암시할 수 있는 어조를 사용한다는 것이다. 이것은 학생들의 대화와 행동에서 분명하게 드러났다. 다음으로 **스냅샷 관점**에서는 교사와 학생 모두 학습을 추구한다는 것이다. 교사는 학생들의 읽기에 대해 배운 것을 사용하여 자신의 학습목표를 설정하는 데 도움을 받을 수 있었다. 또한 학생들은 자신의 읽기 능력을 향상시키는 데 목표를 사용하였다. 마지막으로, **장기적 관점**에서는 학습 향상을 위한 피드백을 사용하여 교수 설계를 구축했다. 학생들은 매주 유창하게 읽었고 다음 주 내내 피드백을 곧바로 사용하였다. 진도 기록지의 '바를 정(正)'은 학생과 교사 모두에게 그것이 어떻게 진행되고 있는지에 관해 구체적인 증거를 보여 주었다.

## 2. 초등 쓰기 영역

4학년을 담당하고 있는 한 교사가 학생들에게 글쓰기를 가르치고 있었다. 그 교사는 학생들에게 다음과 같은 질문에 대한 답을 쓰는 과제를 내주었다. "개와 고양이 중 어떤 동물이 애완용으로 기르기에 낫다고 생각하나요?" 그리고 학생들에게 명확한 주제 문장, 명확한 결론 문장, 그리고 적어도 자신의 주장을 지지하는 세 가지 세부사항을 적도록 요청했다. 〈표 7-2〉는 Anna가 작성한 글의 내용이다.

**〈표 7-2〉 4학년 학생이 쓴 '개와 고양이'에 대한 작문**

| |
|---|
| 나는 고양이보다 개를 더 좋아한다. 개는 정말 활동적이라고 생각한다. 그리고 잡아당기는 힘이 세다. 그레이트 데인이나 소시지 개처럼 크기가 모두 틀리다. 색깔도 모두 틀리다. 어떤 개는 잡종이다 어떠 개는 혈통이 있다. 무엇보다도개는 귀엽고 껴안고 싶다. 이것이 내가 고양이보다 개를 더 좋아하는 이유이다. |

**〈표 7-3〉 4학년 학생 작문에 대한 피드백 예시(좋지 않은 사례)**

나는 고양이보다 개를 더 좋아한다. 개는 정말 활동적이라고 생각한다. 그리고 잡아당기는 힘이 세다. 그레이트 데인이나 ~~소시지 개~~(닥스훈트)처럼 크기가 모두 ~~틀리다~~(다르다) 색깔도 모두 ~~틀리다~~(다르다) 어떤 개는 잡종이다 ~~어떤~~(어떤) 개는 혈통이 있다. 무엇보다도(,) 개는 귀엽고 껴안고 싶다. 이것이 내가 고양이보다 개를 더 좋아하는 이유이다.

〈표 7-3〉은 잘못된 피드백 예시이다. 이 교사는 다음 날 학생들의 작문을 다시 돌려주면서 개별 학생에게 서면 피드백을 제공하기로 결정하였다. 이러한 피드백 전략은 그런대로 괜찮았다. 하지만 〈표 7-3〉의 '오류 교정'은 전부 맞춤법에 관한 것이다. 이러한 피드백은 이 글쓰기의 학습목표나 준거와 일치하지 않는다. 이 글쓰기의 주요 준거는 주제 문장을 포함하면서 요점을 나타내도록 문단을 구조화시키는 것이기 때문이다.

이 경우, 맞춤법 교정이 유일한 피드백이었기 때문에 학생이 할 수 있는 일은 틀린 부분을 수정하는 것이 전부이다. 그러나 이러한 오류는 교사가 이미 다 수정해 놓았다. 따라서 Anna가 해야 할 일은 교사가 고쳐놓은 문단을 다시 똑같이 옮겨 쓰기만 하면 되는 것이다. 게다가 일부 단어와 문장부호가 수정된 이유를 이해한다고 보장할 수도 없다. 기계적으로 옮겨 쓰기만 하면 '완벽한' 문단이 되지만 이 경우 학습은 전혀 일어나지 않는다.

그러나 이 피드백에서 가장 잘못된 부분은 교사가 Anna에게 이 글쓰기의 학습목표인 주요 문단 작성기술을 잘 보여 주었다는 점을 인지시켜 주지 못한 점이다. Anna는 주제 문장과 결론 문장을 성공적으로 만들었다. 그리고 지지하는 세부사항들도 작성하였다. Anna는 자신이 이러한 부분들은 잘 해냈다는 것은 인지할 필요가 있다.

〈표 7-4〉는 교사가 학생에게 서면으로 피드백을 주거나 구두로 간단히 피드백을 주기로 결정했을 때 사용할 수 있는 피드백 예시이다(이 경우에는 간단한 구두 피드백이 더 나을 수 있다. 4학년 학생에게는 구두로 하는 것이 훨씬 더 효과적일 것이다).

### 〈표 7-4〉 4학년 문단 글쓰기의 좋은 피드백 예시

| 피드백 | 설명 | 의견 |
|---|---|---|
| 주제 문장과 결론 문장은 명확하며, 잘 어울리네요. | 초 점 과제<br>참조준거 준거참조<br>기 능 설명적<br>유 인 가 긍정적<br>명 확 성 있음<br>구 체 성 있음<br>어 조 지지적 | 이러한 피드백들은 과제 준거의 달성 여부를 확인하고 설명해 준다. 교사는 피드백을 통해 이러한 세부적인 특징들, 그리고 이들과 과제 준거와의 관련성을 잘 파악하고 있음을 학생들에게 알려주고 있다.<br>이들 중 하나 또는 모두가 이후에 있을 건설적인 비판과 함께 사용될 수 있다. |
| 세부적인 설명을 충분히 제시했어요. 개를 좋아하는 이유를 7가지나 기술했네요. | 초 점 과제<br>참조준거 준거참조<br>기 능 설명적<br>유 인 가 긍정적<br>명 확 성 있음<br>구 체 성 있음<br>어 조 지지적 | |
| 이 문단을 읽으니, 당신이 장난기 있고, 강하고, 귀여운 개를 키우고 있는지 궁금해지네요. 자신의 개를 생각하면서 이 문단을 쓴 건가요? 자신이 알고 있는 것에 대해서 글을 쓸 때 종종 이렇게 실제적인 글을 쓰는 것 같습니다. | 초 점 학습과정과 자기조절<br>참조준거 자기참조<br>기 능 설명적<br>유 인 가 긍정적<br>명 확 성 있음<br>구 체 성 있음<br>어 조 학생 자신이 학습주체임을 암시하는 것 | 이 피드백은 이전의 글쓰기 과정에서 성공하지 못한 학생에게 특히 유용하다. "너의 글은 진정성(genuine)이 있어."라는 표현이 더 좋은 영어표현이지만, 4학년 학생에게는 이보다는 실제적(real)이라는 단어가 사용되었다. |
| 이유가 모두 개에 관한 것이군요. 독자들은 이미 고양이에 관하여도 알고 있을 것입니다. 예를 들어, 고양이에 관한 어떠한 정보도 보이지 않는군요. 비교할 때는, 비교하는 둘 다에 대해 어떻게 생각하는지를 설명해 주는 것이 좋을 것 같네요. | 초 점 과제와 학습과정<br>참조준거 준거참조<br>기 능 설명적<br>유 인 가 다음에 무엇을 해야 하는지에 관한 제안과 함께 비평적<br>명 확 성 있음<br>구 체 성 있음<br>어 조 지지적 | 이 건설적인 피드백은 글에 대한 구체적인 특징을 비판하며, 비판에 대한 이유를 설명하고, 그것을 어떻게 해야 할지를 알려준다. |

| | | |
|---|---|---|
| 철자를 확인했나요?<br>철자가 틀린 두 개의 단어가 있는 것 같네요. | 초점: 학습과정<br>참조준거: 준거참조<br>기능: 설명적<br>유인가: 다음에 무엇을 해야 하는지에 관한 제안과 함께 비평적<br>명확성: 있음<br>구체성: 있음<br>어조: 학생 자신이 학습주체임을 암시하는 것 | 문체와 기계적인 부분에 대한 의견들(그리고 다른 비슷한 의견들—예를 들어 닥스훈트라는 단어를 선택하거나 문장을 재미있게 편집하는 것)은 직접적으로 학습목표에 기초한 것이 아니며, 글쓰기에 관한 것이다. 물론 그것들 역시 중요한 글쓰기 기술이다. 이러한 철자법, 스타일 사용법, 단어 선택이 교실의 장기적 학습목표에서 얼마나 중요한지에 따라서 중요도는 달라질 것이다. |
| 주제 문장을 더 강력한 도입부로 만드는 것에 관한 피드백은 시연을 통해서 보여 주는 것이 좋을 것 같습니다.<br><br>학생과의 컨퍼런스에서 교사는 '이것은 왜(이유)'라는 내용을 포함하고 있는 주제 문장과 그렇지 않은 문장을 보여 줍니다. 그런 다음 학생들에게 어떤 문장이 더 매끄럽게 읽히는지? 그리고 그 이유가 무엇인지를 물어볼 수 있습니다.<br><br>교사는 '이것은 왜'라는 내용이 그 문장에서 필요한 내용을 보완하고 있는지를 물어볼 수 있고, 또한 이러한 단어들이 결론 문장의 가독성을 높여 준다는 사실을 알려줄 것입니다. | 초점: 과제와 학습과정<br>참조준거: 준거참조<br>기능: 설명적<br>유인가: 비평과 함께 다르게 수행하려면 어떻게 할 것인지를 설명<br>명확성: 있음<br>구체성: 있음<br>어조: 지지적 | |

교사는 상황에 따라 이들 중 일부를 사용할 수 있다. 또한 〈표 7-4〉에는 피드백 내용의 특성(초점, 참조준거, 기능, 유인가, 명확성, 구체성 및 어조)에 대한 설명도 포함되어 있다.

가장 먼저 할 일은 과제를 학습목표와 연계된 준거와 비교하고, Anna가 주제 문장이 무엇인지, 세부 내용이 무엇인지, 결론이 무엇인지를 이해하고 있다는 점을 인정해 주는 것이다. 피드백 선택의 나머지는 상황에 따라 다르다. 즉, 이 보고서에 대해 논의하는 데 시간이 얼마나 많이 걸릴까? 이전에 강조했던 학습목표와 연계시킬 수 있는 다른 관점의 피드백은 무엇일까? 이전에 쓴 글을 보았을 때, 다음 단계로 가장 유용한 것은 무엇일까? Anna에게 필요한 것이 구체적으로 무엇인지 파악했는가? Anna가 글쓰기를 좋아하고, 글솜씨가 있는 학생이었다면 자신의 개를 묘사하는 것이 좋은 전략이라는 것을 이미 알고 있었을 것이다. 만약 글쓰기 능력은 부족하지만 자신의 개를 사랑하고 충분히 답할 수 있는 내용을 과제로 작성하게 했기 때문에 평소보다 더 나은 글을 쓰게 되었다면, 다음 글쓰기에서 사용할 수 있을 좋은 전략으로 보기에도 충분할 것이다.

이 피드백의 예시에서는 교사가 학생이 생각하고 있는 것에 대해 알아내지 못했을 때 무슨 일이 일어나는지를 보여 준다. 반면, 교사가 학생이 과제에 대해서 어떤 생각을 하고 있는지를 알아내려고 노력할 때, 효과적인 피드백이 일어날 수 있음을 알려준다. 다만, 이 예시에 장기적인 관점은 담겨 있지 않다. 학생들에게 '개와 고양이' 에 관한 글쓰기를 부여한 교사가 피드백을 바탕으로 학생들에게 자신의 글을 수정하고 개선할 수 있는 기회를 주었는지는 알 수 없기 때문이다. 진심으로 교사가 학생들이 수정하고 개선할 기회를 주었기를 바란다.

## 3. 중등 쓰기 영역

11학년 학생을 대상으로 한 영어 수업 시간을 위해 한 교사가 학생들에게 부여한 과제는 다음과 같다.

> 로레인 한스베리(Lorraine Hansberry)의 연극 중 하나인 '태양의 계절(A Raisin in the Sun)'에서는 젊은 가족들 사이의 다양한 갈등이 묘사되어 있습니다. 자신과 가장 관련이 있는 갈등을 찾아보세요. 이 갈등을 묘사할 수 있는 몇 가지 사건을 이야기하고, 왜 이 갈등이 자신과 관련 있는지를 설명해 보세요.

여기에 추가해서 교사는 다음과 같은 지침을 유인물로 나누어 주었다.

- 제목은 '로레인 한스베리의 태양의 계절: 1막 에세이'로 한다.
- 도입 문단에는 연극 제목과 저자, 그리고 갈등과 내가 어떻게 관련이 있는지를 설명해야 한다.
- 본론 문단에는 연극에 제시된 세부적인 설명을 추가해야 하며, 가능하다면 직접 인용을 하고 설명을 추가해야 한다.
- 결론 문단에는 주제나 논지를 작성할 때 본론 내용을 그대로 가져와 쓰지 말고, 다시 고쳐서 기술해야 한다.

〈표 7−5〉에서는 한 학생의 에세이를 예로 들었다. 지침을 어느 정도 잘 따르긴 했지만 좀 더 좋게 발전시킬 수 있었던 글이다. 이 학생은 에세이의 구조는 지침을 잘 따랐으나 제목은 지침을 따르지 않았다. 상상력은 다소 부족했지만 문법 사용은 대부분 정확했다. 가장 중요하게 지적할 점은 연극에서 월터(Walter)와 베니싸(Beneatha) 사이의

**〈표 7−5〉 태양의 계절(A Raisin in the Sun)에 관한 11학년생의 에세이**

"태양의 계절에 관한 에세이"

나는 로레인 한스베리 태양의 계절을 읽었다. 재미있게 읽어 보았으며, 특히 이 작품에서 나와 가장 관련이 있는 갈등요소는 주인공 월터와 여동생 베니싸 사이의 갈등이라고 생각한다. 그들은 오빠와 여동생 사이였지만, 사이좋게 지내지 못했고, 서로의 의견을 듣기 보다는 둘 다 자신의 생각을 주로 말한다.

월터는 여동생인 베니싸가 있고, 나에게는 7명의 형제가 있다. 모두 남자 형제이다. 그래서 그들처럼 자매는 아니지만, 형제간에 존재하는 갈등이 있을 수 있다.

월터와 베니싸처럼 잘 지내지 못하면 형제든 자매든 힘든 건 마찬가지이다. 만약 그들의 관계가 이웃이나 자주 보지 않는 사이라면 적어도 함께 살지 않을 것이기 때문에 변화를 시도할 필요는 없을 것이다. 그러나 월터와 베니싸는 적어도 10년 동안 함께 살아서, 그러기는 어려웠을 것이다. 나도 마찬가지로 형제들이 모두 집을 떠날 때까지 사이좋게 지내지 못했다.

월터와 베니싸는 그들이 느끼는 방식대로 서로에게 대답한다. 월터는 베니싸의 의사가 되겠다는 꿈을 비하하였다. 왜냐하면 그것은 비현실적이라고 생각했고, 오히려 간호사가 되는 것이 낫다고 말하기도 했다. 베니싸는 월터의 친구들을 비하한다. 그들의 관계는 이런 식으로 갈등이 점점 심해진다. 우리 형제들도 이와 비슷하다.

월터와 베니싸 사이의 갈등은 그들이 형제자매이기 때문이다. 그것은 인생의 방식이다. 형제자매는 사이좋게 지낼 수가 없다. 연극, 태양의 계절에서도 그렇고 나의 인생에서도 마찬가지로 이런 종류의 갈등은 당연히 삶 속에서 생겨날 수밖에 없는 것이다.

갈등에 대해 세부사항을 많이 포함시키지 않고 막연하게 설명하고 있다는 것이다 ("그들은 사이좋게 지내지 못했다"). 월터가 의사가 되려고 하는 베니싸의 꿈이 비현실적이라고 생각한다는 부분과 베니싸가 월터의 친구들에 관해 이야기하고 있는 두 부분의 세부 사항은 포함하고 있지만, 연극의 대사를 직접 인용하지는 않았다.

〈표 7-6〉은 교사가 주는 피드백 내용의 특성(초점, 참조준거, 기능, 유인가, 명확성, 구체성 및 어조)을 분석하고 이에 대한 설명이 추가된 예시이다. 가장 먼저 해야 할 일은 과제를 준거와 비교하고 학생들이 이를 대부분 충족시켰다고 말해 주는 것이다. 교사가 피드백을 어떤 방법(구두 또는 서면)으로 언제, 어디서 줄지 선택하는 것은 학생의 특성과 교실 상황에 따라 달라질 수 있다.

글쓴이에게 피드백을 제공하려면 성공적으로 글쓰기를 한 작품은 어떠한지를 알아야 한다. 글을 잘 쓰는 사람은 논리적이고 흥미로운 주제 문장을 기술한 다음 세부적으로 지지하는 문장을 작성한다. 〈표 7-6〉에 제시된 중등 글쓰기의 좋은 피드백 예시를 통해, 학생의 글을 비교하는 준거와 개선을 위한 의견을 주는 기초를 마련했다.

여기에서 '태양의 계절'에 대한 글쓰기를 과제로 낸 교사가 학생들에게 피드백을 기반으로 수정할 기회를 주었는지 여부는 알 수 없다. 학생들이 수정할 수 있는 기회를 주었기를 바랄 뿐이다. 이 단계가 없었다면 학생들은 독자와 작가로서 둘 다 발전할 큰 기회를 놓친 것일지도 모른다.

**〈표 7-6〉 중등 글쓰기의 좋은 피드백 예시**

| 피드백 | 설명 | 의견 |
|---|---|---|
| 도입 문단과 결론 문단은 주제를 잘 설명하고 있네요! | 초점: 과제<br>참조준거: 준거참조<br>기능: 설명적<br>유인가: 긍정적<br>명확성: 있음<br>구체성: 있음<br>어조: 지지적 | 이러한 피드백은 과제의 준거에 비추어서 학생의 성취 정도를 기술하고 있다. 교사는 이러한 구체적인 특징을 확인하였고 이를 과제의 준거에 잘 부합한다는 사실을 학생에게 알려주고 있다. |

<table>
<tr>
<td>에세이의 본론 문단은 형제자매가 잘 어울리지 못하는 것에 관한 부분인데 이 부분이 훌륭하군요. 그러나 월터와 베니싸 혹은 본인과 본인의 7형제에 관해 지지할 수 있는 세부 사항이 많지 않는 것 같네요. 연극에서부터 시작해 볼까요. 월터와 베니싸의 갈등을 보여 주는 구체적인 대화를 생각할 수 있나요? 제대로 참고하기 위해서는 1막을 다시 한번 보는 것은 어떨까요?.</td>
<td>초 점 과제와 학습과정<br>참조준거 준거참조<br>기 능 설명적<br>유 인 가 다음에 무엇을 해야 하는지에 관한 제안과 함께 비평적<br>명 확 성 있음<br>구 체 성 있음<br>어 조 학생 자신이 학습주체임을 암시하는 것</td>
<td rowspan="2">이 건설적인 피드백은 과제의 구체적인 특성을 강조하고 비판의 이유를 설명하며 그다음 과제에서 무엇을 해야 하는지를 제안해 준다.<br>다음과 같은 의견들 또한 학생들에게 피드백해 주면 좋을 것 같다.<br>첫째, 월터와 베니싸에 대해 더 자세한 내용을 찾기 위한 두 가지 전략들(즉, 전체적으로 살펴보고, 다시 고민해 보기)을 제안해 줄 수 있다.<br>둘째, 학생들이 경험한 갈등에 대해 더 많은 것을 찾기 위한 하나의 전략(즉, 월터와 베니싸의 이야기를 개인의 경험과 비교하기)을 제안할 수 있다. 전달하는 어조가 중요함을 유의해야 한다. 교사가 명령이나 지시를 내리는 어조보다는 질문을 요청하는 듯한 표현이 좋다("희곡을 다시 한번 읽어봐 줄래?")</td>
</tr>
<tr>
<td>형제들이 모두 집을 떠났다고 했는데, 본인이 막내인가요? 학생의 어린 시절 큰 형들이 월터와 베니싸와 유사한 행동을 했거나 말한 적이 있나요?</td>
<td>초 점 학습과정<br>참조준거 자기참조<br>기 능 설명적<br>유 인 가 다음에 무엇을 해야 하는지에 관한 제안과 함께 긍정적<br>명 확 성 있음<br>구 체 성 있음<br>어 조 학생 자신이 학습주체임을 암시하는 것</td>
</tr>
<tr>
<td>문장은 아주 훌륭해서 흐름이 자연스럽군요. 일단, 세부사항을 추가하면 한 번 더 교정을 봐야 할 것 같아요.</td>
<td>초 점 과제와 학습과정<br>참조준거 준거참조<br>기 능 설명적<br>유 인 가 다음에 무엇을 해야 하는지에 관한 제안과 함께 긍정적<br>명 확 성 있음<br>구 체 성 있음<br>어 조 지지적</td>
<td>이것은 학생에게 필요한 기법들에 대한 것들이다. 교사는 또한 학생이 구체화된 제목을 사용하지 않았고, 이는 추후 글을 교정하는 과정에서 수정될 수 있음을 명시적으로 알려줄 수 있다.</td>
</tr>
</table>

## 4. 수학 문제해결 영역

글을 잘 쓰는 사람처럼 문제해결을 잘하기 위해서는 과정을 활용해야 한다. 다양한 종류의 문제해결 과정이 있고, 이들은 가끔 목록이나 힌트 형태로 제시되어 발표되기도 한다. 문제해결 과정은 다음과 같은 기본적인 구조를 가지고 있다. 문제를 잘 해결하기 위해서는 첫째, 문제를 정확하게 파악해야 한다. "질문에서 정확하게 무엇을 묻고 있는가?"를 파악한다. 둘째, 문제를 잘 정의하거나 그 문제에 대한 정신적 표상을 만든다. 예를 들어, "이 문제는 근본적으로는 덧셈 문제야!" 혹은 "이 문제는 패턴을 찾는 문제야!"라고 문제를 정의한다. 또 다른 예로는 "무슨 숫자를 더해야 하지?" "어떤 것이 불필요한 거지?" 등과 같이 문제의 요소를 파악하는 것이다. 셋째, 한 가지 이상의 문제해결 전략을 수립한 다음 차례대로 적용해 본다. 넷째, 스스로 찾아낸 해답을 평가하여 그것이 문제에 대한 합리적인 해답 인지를 확인해 본다. 다음 예시에서는 수학 문제해결을 위한 피드백 및 제안의 기초로 위에서 제시한 문제해결 과정을 사용할 것이다.

**〈표 7-7〉 4학년 수학 문제**

한 가게에서는 바닐라, 초콜릿, 딸기 등 3가지 맛의 아이스크림을 판매한다.
이 아이스크림은 접시, 설탕콘 또는 일반콘에 담아준다.
9명이 접시나 설탕콘 혹은 일반콘에 아이스크림을 한 숟가락씩 담는데, 그들의 선택은 모두 다르다. 이때 9가지의 조합이 무엇인지를 나타내 보라.
혹시 또 다른 사람은 이 9가지 조합과는 다른 하나의 선택을 할 수 있을까? '할 수 있다' 또는 '할 수 없다' 중 하나의 답을 고르고, 그에 관한 이유를 작성하라.

출처: National Assessment of Educational Progress, sample items. Available: http://nces.ed.gov/nationsreportcard/itmrls

〈표 7-7〉은 4학년 수학의 '조합' 문제이다. 완벽하고 정확한 답은 9가지 서로 다른 조합을 만들어 내는 것이다. 9가지 외에 다른 조합을 선택할 수 있는지 물어보는 질문에 학생은 "아니요, 이 9가지 조합이 아이스크림 한 숟가락을 담기 위해 선택할 수 있는 유일한 방법이에요." 또는 "예, 한 숟가락보다 많이 담으려면 다른 조합도 가능해요."라고 말할 수도 있다. 〈표 7-8〉은 학생이 작성한 수학 문제에 대한 우수한 해답이

**〈표 7-8〉 4학년 수학 문제에 대한 우수한 답안**

한 가게에서는 바닐라, 초콜릿, 딸기 등 3가지 맛의 아이스크림을 판매한다.
이 아이스크림은 접시, 설탕콘 또는 일반콘에 담아준다.
9명이 접시나 설탕콘 혹은 일반콘에 아이스크림을 한 숟가락씩 담는데, 그들의 선택은 모두 다르다. 이때 9가지의 조합이 무엇인지를 나타내 보라.

① 바닐라, 접시
② 바닐라, 설탕콘
③ 바닐라, 일반콘
④ 초콜릿, 접시
⑤ 초콜릿, 설탕콘
⑥ 초콜릿, 일반콘
⑦ 딸기, 접시
⑧ 딸기, 설탕콘
⑨ 딸기, 일반콘

혹시 또 다른 사람은 이 9가지 조합과는 다른 하나의 선택을 할 수 있을까? '할 수 있다' 또는 '할 수 없다' 중 하나의 답을 고르고, 그에 관한 이유를 작성하라.

아니요, 선택할 수 없습니다. 이것이 모든 조합입니다. 만약에 두 숟가락을 주문했거나, 조합들을 결합한 경우라면 가능할 수 있습니다. 하지만 한 숟가락만 담았을 때는 9가지가 가능한 모든 조합입니다.

출처: National Assessment of Educational Progress, sample items. Available: http://nces.ed.gov/nationsreportcard/itmrls

### 〈표 7-9〉 좋은 피드백 예시: 4학년 수학 문제의 우수한 답안

| 피드백 | 설명 | 의견 |
|---|---|---|
| 문제를 잘 해결했네요.<br>선택한 목록을 순서대로 잘 작성했어요. 모든 바닐라, 초콜릿, 딸기를 함께 나열했고, 용기를 매번 같은 순서대로 반복해서 정리했어요. 그렇게 해서 하나도 놓치지 않고 모두 선택했네요. | 초점 과제와 학습과정<br>참조준거 준거참조<br>기능 설명적<br>유인가 긍정적<br>명확성 있음<br>구체성 있음<br>어조 지지적 | 이 피드백은 과제의 준거에 따라서 학생의 성취 달성 여부를 확인하고 설명하고 있다. 다른 수학 문제해결에도 활용할 수 있는 유용한 전략을 학생에게 알려주고 말할 수 있도록 한다. 이것은 학생의 자기효능감(학생들이 전략을 사용하기를 결정했다는 것)을 지지해 주며, 학습전이에도 도움이 되는 전략을 강조하고 있다.<br>이 학생에게는 교사가 전략을 설명해 줄 필요가 없다. 이미 학생이 그 전략을 다 사용하였기 때문이다. 여기서 교사가 확인하고 있는 것은 학생이 한 수행의 우수성을 파악하고 있다는 점이다. |

다. 〈표 7-9〉는 〈표 7-8〉에서 답변을 작성한 학생에게 교사가 준 피드백이다.

물론 모든 학생이 완벽하고 정확하게 과제를 완성하지 못할 수도 있다. 〈표 7-10〉은 개선이 필요한 해답을 보여 준다. 이 학생은 가능한 모든 조합을 확인하지 않았으며 두 번째 질문에는 답하지 않았다.

피드백은 학생이 하지 않은 것을 지적하기보다는 학생이 한 것을 파악해서 이로부터 시작해야 한다. 문제해결 과정을 참고하여, 학생은 ① 문제에서 각 용기에 담을 아이스크림의 종류를 묻고 있음을 정확하게 파악했다. ② 문제를 조합 문제로 올바르게 정의하였다. ③ 문제를 해결할 전략으로 체계적인 목록을 만드는 전략을 선택했지만, 오직 아이스크림의 종류에만 이 전략을 적용하였다(용기는 체계적으로 나열되지 않았다). ④ 문제에서 제시한 두 번째 질문에 대답을 하지 못했기 때문에 문제를 잘 해결했는지 평가

〈표 7-10〉 4학년 수학 문제에 대한 개선이 필요한 답안

한 가게에서는 바닐라, 초콜릿, 딸기 등 3가지 맛의 아이스크림을 판매한다.
이 아이스크림은 접시, 설탕콘 또는 일반콘에 담아준다.
9명이 접시나 설탕콘 혹은 일반콘에 아이스크림을 한 순가락씩 담는데, 그들의 선택은 모두 다르다. 이때 9가지의 조합이 무엇인지를 나타내 보라.

1. 접시 위에 바닐라 아이스크림
2. 설탕콘 위에 초콜릿 아이스크림
3. 일반콘 위에 딸기 아이스크림
4. 설탕콘 위에 바닐라 아이스크림
5. 일반콘 위에 초콜릿 아이스크림
6. 접시 위에 딸기 아이스크림

하는 데 증거를 제공하지 못했다. 이 분석에 기반하여, 학생에게 제공한 피드백에 대해 〈표 7-11〉에 제안하였다.

다음 단계로 학생에게는 피드백을 사용할 수 있는 즉각적인 기회가 필요하다는 것을 추측할 수 있을 것이다. 이 경우 학생들에게 아이스크림 이외의 유사한 조합 문제를 주면 학생들이 피드백을 사용하고 학습을 확장해 나갈 수 있다. 여기에서 학습목표는 아이스크림 문제를 해결하는 것이 아니라 간단한 조합 문제를 해결하는 것이다.

### 〈표 7-11〉 좋은 피드백 예시: 4학년 수학 문제에 대한 개선이 필요한 답안

| 피드백 | 설명 | 의견 |
|---|---|---|
| 이 문제에서는 아이스크림 맛과 용기의 가능한 '조합'을 작성하도록 요구하였고, (학생이) 그것을 이해하고 있음을 확인했습니다.<br><br>또는<br><br>이 문제에서는 아이스크림 맛과 용기의 목록을 작성하도록 요구하였고, (학생이) 그것을 이해하고 있음을 확인했습니다. 이런 유형의 목록을 무엇이라고 부르는지 알고 있나요? | 초점 과제와 학습과정<br>참조준거 준거참조<br>기능 설명적<br>유인가 긍정적<br>명확성 있음<br>구체성 있음<br>어조 지지적 | 이 피드백은 학생이 사용했던 전략에 이름을 붙이는 것이다. 교사가 이를 이미 파악하고 있음을 확인시켜 줌으로써 학생의 자기조절과 자기효능감을 지지해 준다. 피드백은 또한 이런 유형의 문제에 이름(여기에서는 '조합')을 붙여준다. 대안적인 제안은 학생에게 자신이 그 이름을 알고 있음을 보여 줄 수 있는 기회를 제공하며, 학생이 모르는 경우 교사가 후속 조치를 취할 수 있다. |
| 바닐라, 초콜릿, 딸기 순서로 맛을 두 번 나열한다는 것을 알았지요. 목록을 체계적으로 유지하는 것은 목록을 빠뜨리지 않는 좋은 방법이에요.<br>그러나 9개의 조합이 가능한데, 6개만 조합으로 구성하였네요. 맛과 용기를 동시에 구성하여 9가지를 모두 얻을 수 있는 방법을 알아낼 수 있을까요? | 초점 과제와 학습과정<br>참조준거 준거참조<br>기능 설명적<br>유인가 어떻게 다르게 할 수 있는지에 관한 설명과 함께 비평적<br>명확성 있음<br>구체성 있음<br>어조 학생 자신이 학습주체임을 암시하는 것 | 이 피드백은 학생이 사용한 부분전략을 확인해 주며, 그것을 교사가 알아차렸음을 보여 준다.<br>그런 다음 교사는 동일한 전략을 확장하면 완전한 해답을 얻을 수 있다고 알려준다. 이 피드백에서 교사는 학생에게 맛과 용기를 동시에 교차시켜 나열하는 방법을 알아내도록 요청한다. 학생이 이미 부분적인 이해를 보였기 때문에 학생이 스스로 알아낼 수 있을 것이다. 그러나 학생이 그렇지 않다면 교사는 시연으로 보여 줄 수 있다. |

| | | |
|---|---|---|
| 질문의 두 번째 부분에 답을 하지 않았네요. (학생이) 가능한 모든 조합을 제시하였다는 것을 어떻게 알 수 있었나요?<br><br>또는<br><br>질문의 두 번째 부분에 답을 하지 않았네요. 조합을 순서대로 열거해 나가면, (학생이) 가능한 모든 조합을 모두 제시하였는지 확인할 수 있습니다. | **초점** 과제와 학습과정<br>**참조준거** 준거참조<br>**기능** 설명적<br>**유인가** 어떻게 다르게 할 수 있는지에 관한 설명과 함께 비평적<br>**명확성** 있음<br>**구체성** 있음<br>**어조** 지지적 | 이 피드백은 학생에게 자신의 정답에 대한 성찰을 요구한다. 이러한 성찰은 학생이 여태까지 도달하지 않았던 문제해결단계이다.<br>첫 번째 제안은 학생이 모든 요소를 나열하여 교차시키는 전략을 성공적으로 쓴 경우에 바람직할 것이다. 그런데 만약 그렇지 않았다면, 두 번째 제안처럼 이 시점에서 코칭을 마칠 수 있다. |

## 5. 사회 및 과학 교과 영역: 단원평가

친구에게 교과서 단원 마지막 부분에 있는 '단원평가' 문제 풀이를 도와주려고 하는 학생을 본 적이 있다. 이 문제들은 대부분 간단한 회상 문제였다. 또래 교사인 이 학생은 자신의 친구에게 약간 실망했다. "얘는 문제에 나오는 단어를 본문에서 찾아 옮겨 적는 것을 모르나 봐!"라며 투덜거렸다. 이 학생은 자신의 친구가 별로 똑똑하지 않다는 결론을 내렸다. 그러나 아무도 그 친구에게 이러한 회상 유형의 문제를 풀기 위해서는 주제가 나와 있는 본문을 찾아서 그것을 다시 읽어봐야 한다는 것을 알려주지 않았다. 이 피드백의 사례는 그런 학생에게 해당하는 것이 될 것이다.

단원평가 문제에 대해서 피드백을 할 경우 절대로 채점을 하지 말고 또한 정답을 알려주지 않아야 한다. 대신 전략을 제시하는 다음과 같은 질문을 하는 것이 좋다.

- 이 주제에 대한 내용이 나와 있는 본문을 좀 더 읽어볼 수 있니? 그 부분을 언제 찾았니? 거기에 어떤 내용이 있니?
- 이 질문에서 어떤 규칙 같은 것이 있니?

- 이 질문에서 요구하는 것은 무엇일까? 혹시 이 책에서 이미 다룬 내용이니? 다른 내용 혹은 실생활에서도 이런 경우를 본 적이 있니?

이러한 제안을 한 후 질문에 다시 대답할 수 있는 기회를 주도록 한다. 전략 사용과 답변의 질에 대해 추가 피드백을 제공해 주도록 한다. 그리고 다음 단원의 단원평가 문제를 풀 때, 이 모든 과정을 학생들에게 상기시켜 줄 필요가 있다.

## 6. 프로젝트 과제

6장에서 제시한 루이스(Lewis)와 클라크(Clark) 관련 프로젝트를 상기해 보자. 제시된 주제에는 특정 국가에 대한 루이스 클라크 탐험이 효과적이었는지 포함되었다. 예를 들어서, 루이스 클라크 탐험이 아메리칸 인디언에게 미치는 영향, 루이스 클라크 탐험에서 제퍼슨(Jefferson)의 역할, 루이스 클라크 탐험에서 의식주 등이다. 학생들은 주제를 선택하고 주제에 대한 정보를 찾아서 읽고 가설을 세우며 보고서를 작성했다. 보고서는 가설에 관해 진술하고, 지지하며, 표 · 차트 또는 그림으로 설명하는 내용이었다. 학습목표에는 가설을 작성하고 이를 지지하기, 연구법을 배우기, 루이스 클라크 탐험 이해하기 등이 포함되어 있었다.

6장에 설명한 활동, 즉 교사 루브릭을 학생에게 친근한 언어로 옮길 때에는 먼저 학생들에게 학습목표를 명확히 알려주어야 하며, 또한 학생들이 교사가 주는 피드백을 이해할 수 있도록 틀을 제공할 수 있어야 한다. 학생이 활동을 시작하게 되면, 잠재적인 주제를 고려하고 어떤 주제를 결정할지, 가장 관심이 있고 쉽게 이용할 수 있는 정보가 무엇인지를 결정해야 할 것이다.

여기에서 달성해야 하는 주요한 학습목표는 보고서를 쓰도록 하는 것과, '자료 찾기' 뿐만 아니라 정보를 해석하고 그 해석을 뒷받침하기 위해 내용을 조직화하여 개념을 발전시키는 것이다. 따라서 교사는 채점을 위한 목적이 아니라 형성적인 피드백을 제공할 수 있도록 과제의 첫 단계를 구성하는 것이 합리적이다. 먼저 학생들에게 간단한 보고서를 작성하도록 하면서 다음 세 가지 내용에 유의하라고 지도할 수 있다. 첫째, 학생들이 선택한 일반적인 주제 영역과 왜 그 주제에 관심이 있는지를 설명할 수 있도록 한다. 둘째, 학생들이 한 예비연구는 무엇이며, 잠정적인 가설은 무엇인지, 그에 따른 해석은 무엇인지를 설명할 수 있도록 한다. 셋째, 학생들이 앞으로 어떻게 프로젝트를 계속해 나갈 것인지 계획을 설명할 수 있도록 한다. 이러한 보고서를 검토한 후에, 각 학생과 간단한 회의를 통해 주제, 가설, 연구에 관하여 피드백을 제공하도록 한다.

학생의 프로젝트 계획에 관하여 피드백을 할 때는, 이 책에서 제시한 원칙을 사용하면 도움이 될 것이다. 그들의 '과정'에 초점을 맞추어 피드백을 주는 것이 중요하다. 즉, 강점을 확인하고 약점을 개선하기 위한 제안을 해 주어야 한다. 또한 루브릭에 기술되어 있고, 최종 산출물에 적용될 학습준거에 기반하여 설명적이면서도 구체적으로 피드백을 제공해야 한다.

두 번째 단계인 중간보고서에서는 프로젝트가 아직 초안 수준에 있을 때는 동료 피드백을 주고받을 수 있도록 수업 활동을 구성할 수 있다. 이것은 프로젝트 시작에서 사용된 '학생에게 친근한 루브릭' 활동의 논리적 확장처럼 보일 수 있다. 하지만 여기서는 루브릭을 학생에게 친근한 말로 옮기는 대신 루브릭을 가지고 집단별로 동료 학생들의 실제 과제에 적용해서 피드백을 하도록 활동을 구성한다. 동료 학생들이 강점이라고 피드백한 부분에는 작성자와 동료 검토자 모두를 위한 좋은 정보가 설명되어 있을 것이다. 그들이 차이가 있다고 발견한 곳에서는 "차트는 멋지지만, 황야 음식에 관해 네가 말하고 있는 것과는 일치하지 않아."와 같은 세부내용을 지적할 수 있다.

프로젝트 과제가 집단 활동이 포함된 팀 프로젝트인 경우, 교사는 학생에게 협업 및 의사소통 기술, 프로젝트 관리 및 의사결정에 대한 피드백을 제공할 수 있다. 사실, 집단 활동을 하는 동안, 학생들이 학교생활과 성인의 삶 전반에 걸쳐 계속해서 배우고 양질의 일을 만들 수 있도록 해 주는 작업 습관, 협업 그리고 다른 중요한 기술에 대해서 보통 구두로 피드백을 제공할 기회를 찾을 필요가 있다. 그런 피드백은 학습 과정에 초점을 맞추어야 하며, 다른 피드백에도 적용이 되는 내용 요소(참조준거, 유인가, 명확성,

구체성, 어조)에 대한 모든 제안을 따르는 것이 효과적이다.

학생이 활동 도중에 사용할 수 있는 형성적 피드백을 위한 기회를 구축하는 중간 단계에서는 스냅샷 관점과 장기적 관점을 피드백 과정에 바로 통합한다는 것을 볼 수 있다. 각 중간 단계에서 교사는 현재 학생의 생각이 어디에 있는지 파악하고 다음 단계로 조금씩 전진시킬 수 있는 기회를 가진다. 구성의 마지막 단계에서 프로젝트가 채점을 위해 제출되면, 교사는 학생들에게 무언가를 설명하려는 경우를 제외하고는 피드백을 제공하지 말아야 한다. 루이스와 클라크에 대해 더 이상 수정하거나 배울 기회는 없기 때문이다. 이 단계에서 피드백을 주는 것은 오히려 시간 낭비일 수 있다.

## 7. 피드백의 공통 원칙

이 장의 요점은 피드백 원칙을 다양한 과목 영역에서 다양한 종류의 과제를 수행하는 학생들에게 어떻게 적용할 수 있는지를 보여 주는 것이었다. 교과나 내용 영역이 무엇이든 간에, 교사는 다음의 세 가지 관점에 유의해야 한다.

- **미시적 관점:** 과제나 과정에 초점을 둔 피드백을 사용하여야 한다. 피드백은 기본적으로 준거참조적이고, 설명적이고, 긍정적이고, 명확하고, 구체적이며, 학생 자신이 학습의 주체임을 인식할 수 있는 방식으로 표현되어야 한다.
- **스냅샷 관점:** 교사와 학생 모두가 피드백 일화로부터 무엇인가를 배울 수 있어야 한다.
- **장기적 관점:** 학생들이 피드백을 사용하고 학습을 향상시킬 수 있는 기회를 제공해야 한다.

마지막으로 다음 장에서는 이러한 피드백의 원칙을 개별 학습자에게 맞게 조정할 수 있는 방법에 대해서 논의할 예정이다.

8장

# 학습자별 피드백 조정

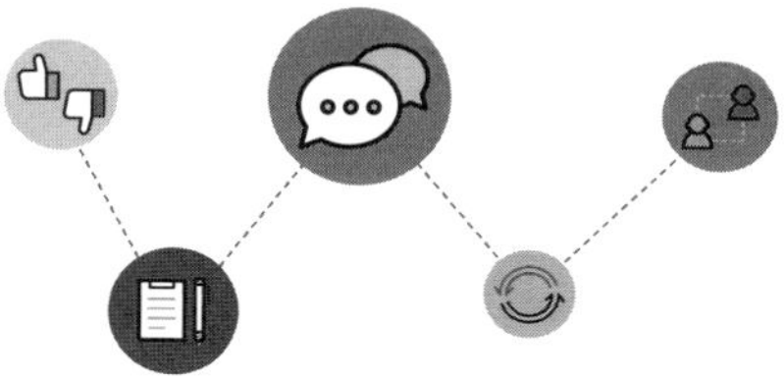

1장에서 언급된 피드백에 대한 세 가지 관점을 토대로 교사는 피드백을 어떻게 조정해서 사용해야 하는지를 이해할 수 있다. 즉, 교사는 피드백의 내용과 제시 방식(미시적 관점), 교사와 학생이 피드백 일화를 통해서 무엇을 배웠는지(스냅샷 관점), 또한 교사는 학생이 다음 단계의 학습으로 나아갈 수 있는 기회(장기적 관점) 등을 조정할 수 있게 된다.

Shute(2008)는 피드백과 학습자 특성에 대한 연구를 수행하였는데, 그 결과 성취도가 높은 학생에 대한 피드백은 약간 지연되고 도전적일 것을 권장하였고 때때로 학생이 올바른 방향으로 가고 있는지 확인해 주는 것이 필요하다고 주장하였다. 반면, 성취도가 낮은 학생에 대한 피드백은 좀 더 즉각적이고 지시적이며, 단계적이고 구체적이며, 정교할 것을 제안하였다. 학생은 피드백을 듣고 그 내용을 이해해야만 개선이 될 수 있다. 이 장에서는 우수한 학습자, 학습에 어려움이 있는 학습자, 외국어 학습자, 의욕이 없는 학습자를 포함하여 다양한 유형의 학습자에 대한 피드백 제공 방안을 다룰 것이다.

이 책이 맞춤형 교육 그 자체에 대한 것은 아니지만 형성평가를 토대로 조정되어야 하는 것은 피드백뿐만이 아니라는 점을 이해할 필요가 있다. 교수법 역시 개별화되어야 한다. 사실 형성평가의 차원에서 교수법과 피드백을 긴밀하게 연결시키지 않는 교사는 없을 것이다. 맞춤형 교육은 학생의 다양한 요구를 충족시키기 위해 필요하다. 교사는 학습에 있어 '다음으로 무엇을 할 것인지'가 개별 학생마다 다르다는 것을 어떻게 알 수 있으며, 가르칠 때 그러한 점을 무시할 수 있겠는가?

## 1. 우수한 학습자

학습에 관심이 많고 열심히 참여하는 학생은 자신이 받은 거의 모든 피드백에 귀를 기울일 것이다. 그들은 시험이나 숙제를 하면서 받게 되는 특정 지식과 기술에 대한 구체적인 피드백으로부터 혜택을 얻을 수 있다. 또한 이러한 피드백을 시험공부 방법이나 특정 유형의 보고서를 작성하는 방법 등으로 일반화시킬 수도 있다(Brookhart, 2001). 그리고 우수한 학습자는 자신이 피드백을 활용하고 있음을 인지하고 있다. 외부에서 누가 시키지 않더라도 스스로 자기평가를 한다. 피드백의 세 가지 관점에 의거하자면 이런 학생은 피드백에 대해 장기적인 관점을 취하고, 형성평가와 총합평가를 구분하지 않으며, 자신에게 도움이 될 수 있는 정보를 얻기 위해 모든 평가 결과를 수집한다. 즉, 이들은 자신의 학습과 성장에 대한 지각된 통제감에 의해 힘을 얻고 동기가 부여된다.

우수한 학습자는 시험을 위해 공부하든 프로젝트를 준비하든 과제 자체를 일종의 학습 향상을 위한 것으로 간주한다. 따라서 그들은 과제 자체를 피드백과 마찬가지로 형성적인 목적으로 활용한다. 또한 피드백을 사용하는 방식처럼 공부나 조사를 하기 위한 과제도 형성적으로 다룬다. 예를 들어, 생물 선생님이 인체골격과 관련된 실기평가를 하기 위해 학생들에게 무엇을 기대할까라고 한 학생에게 물었을 때 다음과 같이 말했다.

> 선생님은 당연히 우리가 수업시간에 집중하기를 기대합니다. 그리고 우리가 스스로 공부하기를 기대할 겁니다. 선생님이 우리에게 쪽지시험을 내 주시는 것은 좋은 것 같아요. 왜냐하면 세부내용을 공부할 수 있기 때문입니다. 그리고 선생님은 수업에서 일부 시간을 할애해서 우리가 직접 뼈를 보면서 공부하기를 원하셨어요. 왜냐하면 그림만 봐서는 뼈의 입체적인 모양을 배울 수 없기 때문입니다. … 저는 어떤 것을 숙달하는 느낌이 정말 중요하다고 생각해요. 학습 기술 측면에서 보면 이것은 중간이나 기말고사와 같은 큰 시험이 있는 대학 공부를 위해서도 좋은 준비가 되는 것 같습니다(Brookhart, 2001, p.162).

교사가 우수한 학습자에게 피드백을 적게 주는 대신, 학습에 어려움이 있는 학습자를 돕기 위해 좀 더 많은 피드백을 주려고 노력할 수 있다. 우수한 학습자는 스스로 피드백을 찾을 것이며 교사가 피드백을 주지 않더라도 정답을 찾을 수 있기 때문에 그렇게 가정하는 것은 꽤나 그럴듯해 보인다. 하지만 이러한 전략은 권장되지 않는다. 왜냐하면 우수한 학습자도 교사의 건설적인 피드백을 받을 자격이 있고, 그들에게도 피드백은 도움이 되기 때문이다.

우수한 학습자에게 주는 피드백에서도 과제와 과정에 초점을 맞추고, 준거참조적, 긍정적, 명확성 및 구체성 등 앞에서 언급한 좋은 피드백 특성을 모두 사용해야 한다. 또한 무엇을 잘했고 그것이 왜 좋은지를 알려주어야 한다. 한편 교사는 기본적인 수업의 학습목표를 심화 및 확대시킬 수 있는 다음 학습 단계에 대한 제안을 해 주어야 한다. 활동 과정에 대해 학생들과 흥미로운 생각을 나눌 수 있는 대화를 시도하는 것도 좋은 방법이다. 우수한 학습자는 자신의 학습 과정이 어떠한지 스스로 잘 알고 있다. 특히 이 대화를 통해 교사는 우수한 학습자가 무슨 생각을 하고 있는지를 배우게 될 것이다. 이러한 스냅샷 관점은 매우 큰 도움이 될 수 있다.

우수한 성적으로 입학한 대학 신입생들과 평가에 대해 이야기를 나눈 적이 있다. 이 중 한 남학생이 "교수님이 만약 초등학교 교사이고, 학생들에게 행성과 관련된 프로젝트를 내 주셨는데, 한 학생은 행성이 아닌 로켓에 관한 보고서를 작성했다고 가정해 보세요. 이 경우 교수님은 성적을 어떻게 주실 건가요?" 물론 이 질문이 학생 본인이 실제로 경험했던 일인지 궁금했다. 여기서 우리의 목적을 위해, 그 대학생이 "성적을 어떻게 주실 건가요?"라고 묻는 대신 "어떤 피드백을 주시겠습니까?"라고 물었다고 해 보자. 어쨌든 이런 경우라면 사실 성적이 아니라 피드백을 주는 것이 맞다. 부여된 과제는 행성, 그리고 행성에 대한 사실을 나열하는 프로젝트였다. 학생은 로켓 사진과 도표가 있는 보고서를 작성했다. 이 보고서는 과제나 과정에 맞지 않는다. 교사의 첫 번째 피드백으로 "왜 로켓에 대한 보고서를 작성했나요?"라는 질문이 가장 적합할 수 있다. 추가적인 피드백은 학생의 답변에 달려 있다. 만약 학생이 이미 행성에 대한 도표를 작성했거나 행성에 대해 알아야 할 내용을 알고 있기 때문에 로켓에 대한 보고서를 작성했다면, 교사는 증거를 보여 달라고 요청할 수 있다.

만약 학생이 정말로 로켓에 관심이 있었고 단지 다른 프로젝트를 하고 싶어 했다면, 교사는 보고서에 대해 더 많은 피드백을 제공하고 학생에게 행성 숙제를 완성하라고 요구할 수 있다. 만약 학생이 수업을 지루해했다면, 교사는 학생에게 보고서에 대한 피드백을 주고 학생을 위해 다음번 과제를 조정할 것인지에 대해 생각해 볼 수 있다. 어떤 경우든 학생은 행성에 대한 학습목표를 달성했음을 교사에게 보여 줄 필요가 있다.

학생이 쓴 로켓 보고서로 돌아가 보자. 모든 활동이 종료된 후에 학생은 틀림없이 교사가 보고서에 대해 어떻게 생각하는지 알고 싶어 할 것이다. 학생은 교사의 의견을 받기 위해 보고서를 제출했다. 비록 보고서를 통해서 행성에 대한 학생의 지식이 거의 드러나지 않는다고 하더라도 교사는 의견을 주어야 한다. 교사가 이 보고서에 추가적으로 주는 피드백은 기존 보고서 기준(준거참조)과 비교하여 활동 결과에 대해 설명해 주어야 한다. 이때 평가결과가 긍정적일지라도 학생이 어떤 사람인지 판단하는 데 집중하는 함정을 피해야 한다("훌륭한 보고서야, 넌 정말 똑똑해."). 대신, 그 보고서의 좋은 점을 명확하고 구체적으로 설명하는 것이 좋다("로켓에 관한 도표는 실제 작동 방식에 대한 너의 설명을 이해하는 데 정말 도움이 되는구나."). 또한 학생이 다음에 무엇을 해야 할지 제안하는 것도 필요하다. 물론 이 경우는 요구사항을 위한 제안이 아니라 후속 학습을 위한 제안일 것이다. 예를 들어, "로켓 연료에 관한 이 부분이 흥미로워. 연료가 연소될 때 화학적으로 어떤 일이 일어나는지 더 알아보는 것은 어떨까?"이다.

그리고 마지막으로 어조를 고려해야 한다. 교사는 학생이 하기 싫어서 행성에 관한 과제를 하지 않는 것을 허용하지 않으면서도 로켓에 대한 학생의 관심은 긍정적으로 지지하는 생각을 표시할 수 있다. 피드백을 과제 자체와 과정에 초점을 맞춘다면 결과물이 우수한 경우에도 많은 이야기를 할 수 있다. 아무리 우수한 학습자라 하더라도 배울 수 있는 것은 언제나 무궁무진하다.

## 2. 학습에 어려움이 있는 학습자

사전학습 경험이나 정보처리를 위한 학습 기술이 부족한 학습자는 과제를 위해서 자신이 무엇을 해야 하는지를 파악해 내기가 힘들고, 과제에 대한 교사의 피드백을 이해하는 데 어려움이 있을 것이다. 이와 같은 학습에 어려움이 있는 학습자는 학습장애나 학습지체로 판정되지는 않았지만 학습자로서 필요한 기초를 얻지 못한 학생을 의미한다(Lazarus & Brookhart, 2016). 학습에 어려움이 있는 학습자를 위한 피드백 전략을 요약하면 다음과 같다.

첫째, 이들에게는 학습 과정과 결과를 연결시키는 데 도움이 되는 피드백이 좋다. 이러한 피드백은 주로 우수한 학습자가 내적으로 사용하는 것으로 알려진 일종의 '인지적 피드백'을 의미한다. 학습에 어려움이 있는 학습자를 위해 이러한 과정을 위한 비계를 설정할 수 있다. 예를 들어, 내가 아는 몇몇 초급 읽기(literacy) 지도교사들은 학생에게 선생님이 알려준 전략 중 하나를 사용하고 난 뒤, 자신의 읽기가 얼마나 향상되었는지를 이야기해 준다. 그리고 교사는 반복 읽기, 의미 파악하기, 단어 찾기, 손가락으로 글을 따라가며 읽기 등 많은 전략을 가르친다. 단순하게 들리겠지만 읽기에 어려움을 겪는 학생들 중 일부는 교사가 알려준 방법과 단어를 연결시키지 못하고 그저 읽기만 한다. 교사가 연결을 도와주면, 학생은 전략의 핵심을 파악하고 의도적으로 전략을 사용하기 시작할 수 있다.

둘째, 이 책에서는 준거참조 피드백을 사용하기를 제안하였다. 선행연구에 의하면 학습목표에서 제시하는 기준과 자신의 활동 수준을 비교하는 학생은 해당 목표를 향해 계속 나아갈 수 있다. 하지만 모든 부분에서 부족한 학생은 어떨까? 자신의 활동이 목표에 미치지 못한다는 것을 알아야 할 필요가 있으며, 학습에 어려움이 있는 대부분의 학습자는 이미 그것을 알고 있다. 이런 학생에게 원래 과제보다도 더 길게 고쳐야 할 점을 이야기해 주거나 피상적으로 의사소통하는 피드백은 오히려 절망감을 줄 수 있기 때문에 자기참조 피드백으로 그 차이를 메워야 한다. 학습목표에 도달할 수 있을 때까지 학습에 어려움이 있는 학습자에게 자신이 무엇을 못하는지가 아니라 무엇을 할 수 있는지를 알아차리도록 도와줘야 한다.

자기참조 피드백은 개선할 필요가 없다거나 무엇이든 장려해야 한다는 것을 의미하지 않는다. '개선'의 기준은 학생 자신의 전략과 성취 경험 안에 있음을 의미한다. 즉, 도달 가능한 목표이어야 한다. 방식은 다음과 같다. 자기참조 피드백은 현재 학생의 수행을 학생의 이전 수행이나 이전 수행을 통해 형성된 교사의 기대와 비교하는 것이다. 예를 들어, 오늘 쓴 두 문장이 비록 수준이 높지 않더라도 어제는 단 한 문장만 썼다면 그것을 언급하라. 이는 과제에 초점을 맞춘 피드백이다. 이 피드백은 구체적이고, 문장의 주제가 좋지 않았더라도 글을 쓰려는 의지가 있는지를 중요하게 여긴다. 그런 다음 학습 개선을 위한 제언이 추가되어야 한다. 예를 들면, 제시된 두 문장이 문맥상 서로 연결되어야 한다는 점이다. 만약 이 두 문장이 이미 연결되어 있는 경우라면, 세 번째 문장을 추가해 보거나 중심 문장을 만드는 일을 제안할 수 있다.

앞의 예시는 학습에 어려움이 있는 학습자가 이전 수행 수준에 비해 향상되었을 때 자기참조 피드백을 사용한 것이다. 또한 자기참조 피드백은 현재 활동이 이전 활동만큼 좋지 않을 때도 유용하다. 예를 들어, 오늘 쓴 글은 단순히 단어만 조합해 놓았을 뿐이지만 어제는 문장을 완성했을 경우, 학생이 문장을 완성할 수 있다는 점을 알려줘야 한다. 학생에게 그 문장을 보여 주면서 적어도 어제만큼 잘 쓸 수 있도록 오늘 과제를 다시 해 보라고 이야기한다. 한 문단은 얻지 못할 수 있지만, 적어도 한 문장은 얻을 수 있을 것이다.

셋째, 학습에 어려움이 있는 학습자에게는 개선을 위한 작은 단계를 제안하라. 학습에 어려움이 있는 학습자는 실제로 학습목표를 달성하기 위해 많은 활동을 해야 할 수도 있지만, 복잡한 과제를 관리하기 쉽도록 여러 단계로 작게 나누어 주면 학습을 개선시키는 데 도움을 줄 수 있다. 이 과정이 괴로울 정도로 느린 것 같아도 학생이 개선하지 않으려 하거나 심지어 포기하는 것보다는 점진적으로 개선해 나가는 것이 더 낫다는 것을 기억하라. 점차 향상되는 일부 학생은 결국 목표에 도달하게 될 것이다. 그 과정에서 학습하는 방법을 배우게 되고 많은 어려움을 겪지 않아도 될 것이다. 물론 그렇지 않은 학생도 있을 테지만, 조금씩 향상되고 있고 교사가 관심을 가지고 있음을 알고 있는 학생은 자부심을 느낄 것이다.

넷째, 학습에 어려움이 있는 학습자에게 피드백을 줄 때에는 피드백을 이해하는지 반드시 확인해야 한다. 예를 들어, 학생에게 준 피드백에서 가장 중요한 포인트가 무엇인지 생각해 보게 하거나 피드백을 바탕으로 다음 단계가 무엇일지 생각해 보게 할 수 있다. 학생이 피드백을 이해하지 못했다면 다른 방식으로 요점을 설명해 주어야 한다. 학생이 처음부터 '알아듣지' 못한 말을 반복하는 것은 좋지 않다. 〈표 8-1〉에는 학습에 어려움이 있는 학습자에게 피드백을 주기 위한 제안이 요약되어 있다.

마지막으로, 학습에 어려움이 있는 학습자에게는 피드백을 활용할 수 있는 기회를 단계별(비계가 설정됨)로 제공하는 것이 중요하다. 이러한 기회들은 학생이 성공을 경험하고 나서도 계속 진행할 수 있는 작은 단계로 구성되어야 한다. 다음의 예시는 이름을 제외하고는 실제 이야기이다.

Jason은 Porter 선생님의 9학년 일반 과학 수업을 듣는 학생이었다. Jason은 가끔 숙제가 무엇인지 알기도 전에 이렇게 말하곤 했다. "나는 숙제를 할 수 없어. 이해가 안 돼." 그의 머릿속에 이미 그는 실패자였고, 언제나 성적이 저조할 수밖에 없는 운명이었다.

수업 중 실험 보고서를 작성하는 활동도 예외는 아니었다. 보고서는 형편없었다. Porter 선생님은 Jason에게 다른 피드백으로 접근하기로 결정했다. Jason이 한 번에 처리해야 할 정보가 너무 많다는 것이 주요한 문제라고 생각했다. 그래서 초안에 첫 번째

### 〈표 8-1〉 학습에 어려움이 있는 학습자를 위한 피드백 제공 전략

| 전략 | 설명 | 예시 |
|---|---|---|
| 피드백은 **과정**에 집중하라.<br>미시적 관점 | • 성공적인 학습자는 결과 피드백(학생들의 수행 결과)과 인지적 피드백(어떤 전략이 이러한 결과를 초래했는지)을 연결하는 방법을 알아낸다. 반면, 학습에 어려움이 있는 학습자는 결과와 전략의 연결에 어려움이 있기에 자신의 특정한 노력이 어떻게 특정한 수행을 낳게 되었는지를 알려줄 수 있도록 비계를 설정해 주어야 한다. 이러한 비계는 학습에 어려움이 있는 학생을 포함한 모든 학생에게 '학습 방법을 배우는 데' 도움이 될 것이다. | 네가 돌아가서 그 문장을 다시 읽는 걸 봤어. 문장을 고치고 나니 더 잘 읽히지? |
| **자기참조** 피드백을 사용하라.<br>미시적 관점 | • 높은 수준의 기준과 직접적인 비교가 어려울 경우, 학생의 이전 결과물과 비교하여 개선된 점을 찾아야 한다.<br>• 학생이 학습에 있어 향상되고 있다는 것을 안다면, 더 지속할 가능성이 있으나 그렇지 않으면 포기할지도 모른다(이 원칙은 성적(준거참조)이 아닌 형성적 피드백에 해당된다). | 너의 마지막 문단은 단 두 문장뿐이었지? 근데 지금은 네 개의 문장이 있네? 너는 잘 따라가고 있단다. |
| 피드백을 위해 **중요한 포인트를 한두 가지** 선택하고, 개선을 위한 **작은 단계**를 제안하라.<br>미시적 관점 | • 복잡한 과제를 작고 다루기 쉬운 단계로 나누는 것은 중요한 수업원리이다.<br>"한 번에 하나씩!" | 다음에 문단을 작성할 때 첫 번째 문장은 나머지 문장에 대한 소개 내용으로 작성해 보렴. |
| **간단한 어휘**를 사용하라. 성취 또는 학습목표와 관련된 단어를 설명해 주고 이를 이해하였는지 확인하라.<br>미시적 관점 | • 학습에 어려움이 있는 학습자에게 어휘는 중요한 문제이다. 우리는 이것을 외국어 학습자들의 문제로 생각하는 경향이 있으나 학습에 어려움이 있는 학습자는 어휘가 제한되어 있다.<br>• 학습 관련 용어(예: 원주, 원주율 등)를 피하지는 말되, 가능하다면 복잡한 어휘보다는 간단한 어휘로 설명해야 한다. | 다음에 문단을 쓸 때, 첫 번째 문장은 모든 문장을 요약하여 써보렴. 이것을 중심 문장이라고 한단다. |

| | | |
|---|---|---|
| 피드백에 대한 **이해도**를 **확인**하라.<br>스냅샷 관점 | • 학생이 피드백 자체를 이해하지 못한다면 피드백은 학습에 도움이 될 수 없다. | 다음 문단에서 다룰 한 가지 내용을 말해 줄 수 있니? |
| 학생이 무슨 생각을 하는지 알아보라.<br>스냅샷 관점 | • 결과물이 엉성하거나, 비문법적이거나, 미완성일 때(부분적으로 완료된 경우), 단편적으로 오류를 관찰하고 수정하기 쉬우나 그 함정에 빠지지 마라. 학생들의 생각을 파악하기 위해 학생들의 활동을 분석해야 한다. 이를 통해서 학생의 학습 향상을 위한 더 많은 통찰력을 얻을 수 있다. | 너는 정말 플라잉디스크 게임을 좋아하는 것 같구나. 그래서 그것에 대해 글을 쓰기로 한 거야? |
| 학생들에게 피드백을 사용할 수 있는 즉각적인 기회를 제공하라.<br>장기적 관점 | • 특히 학습에 어려움이 있는 학습자를 다음 학습단계로 나아가게 하기 위해서는 수업 중에 피드백을 활용할 수 있는 기회를 제공해 주어야 한다. 이러한 기회는 구조화되고 즉각적이어야 한다. | 이 첫 문장을 수정해 보자. 완료되면 나에게 보여 주고 어떻게 중심 문장이 될 수 있는지 이야기해 보자. |

피드백을 주었다. "도입문을 먼저 써 보자. 이 두 가지 질문에 답해 볼까? …"

Jason이 도입문을 쓰고 난 후 Porter 선생님에게 이야기하면, 선생님은 Jason의 결과물에 대해 피드백을 주고 다음 단계를 안내했다. 교사는 자신의 성찰 일지에서 "Jason의 그 이야기는 온종일 글쓰기를 하는 동안 들은 마지막 말이었다. Jason은 단지 자신이 무엇을 하고 있는지 알 수 있도록 교사가 지도해 주기를 바랐다."라고 했다.

Jason도 여느 학습에 어려움이 있는 학습자와 마찬가지로 작은 부분에 대한 피드백이 필요했다. 도입문에 관한 Porter 선생님의 두 가지 질문은 첫 번째 피드백이었다. 그러나 Jason은 여전히 자신이 무엇을 잘했는지, 다음에 무엇을 해야 하는지, 어떻게 해야 하는지를 알 필요가 있고(효과적인 피드백의 특성, 미시적 관점), 활동으로부터 무언가를 배울 필요가 있으며(스냅샷 관점), 피드백을 사용할 즉각적인 기회가 필요했다(장기적 관점). Jason은 좀 더 세분화된 피드백이 필요했다.

## 3. 외국어 학습자

미국에서 제2외국어로서 영어를 학습하는 학생(English Language Learners: ELL)과 같이 자신의 모국어가 아닌 다른 언어로 공부하는 경우 언어 능력의 제한으로 학습에 어려움을 겪을 수 있다.[3)] 이러한 외국어 학습자에게 주요한 문제는 피드백을 듣고 이해하는 능력이다(Hill & Flynn, 2006; Mo, 2007). 교사의 피드백은 보통 일상 대화에서 사용하는 언어가 아닌 학문적인 언어로 전달된다. 예를 들어, 영어로 'descriptive details'는 학문적인 개념이다. 이는 문제를 정의하는 것에서 시작하여 변수와 잠재적 해결 전략을 확인하기까지 문제해결의 단계를 의미하는 것으로 학문적인 개념이다.

모국어가 아닌 언어로 학습하는 학생에게 피드백을 줄 때에는 사전에 교사가 어떤 가정을 가지고 있느냐가 중요한 문제이다. 예를 들어, 영어가 모국어가 아닌 학생은 특이한 단어 순서로 문장을 쓸 수 있다. 학생의 모국어에서는 관습적인 순서일 수 있다. 그 사실을 파악하고(가능하다면) 그것을 학생에게 지적하는 것은 그 문장이 이치에 맞는 이유를 설명하고 대화의 출발점을 마련해 주었다는 것을 의미한다. 이 문장이 학생에게 영어 문장 구조를 보여 줄 수 있는 좋은 예라고 판단하여 시연용으로 사용할 수도 있다. 또는 학생이 쓴 문장의 맥락을 고려해 볼 때 내용이 중요하다고 판단할 수도 있다. 예를 들어, 만약 그 문장이 학생이 읽은 이야기에 관한 질문에 대한 대답이었다면, 결국 단어 순서보다는 주인공을 확인하고, 주된 아이디어를 이해하거나, 질문이 무엇이든 사려 깊게 응답했는지 등의 본질에 초점을 맞추는 것이 더 생산적일 수도 있다.

피드백은 학생이 이해할 수 있을 때만 유용하기 때문에 교사는 가능한 한 학생의 언어 능력 수준에 맞게 피드백을 주는 것이 중요하다. Mo(2007)는 교사들이 외국어 학습자의 의사소통 능력을 판단하기 위해 수업 안에서 학생들을 관찰하는 데 도움이 되는 다섯 가지의 내용을 제안했다.

---

3) [역자 주] 이러한 학생을 이 책에서는 '외국어 학습자'로 명명하였다.

1. 토론 이해 능력(학생은 교실에서 나누는 대화를 이해하고 있는가? 말이 느리고 반복적인 말을 사용하는 학생이 이해할 수 있는가?)
2. 말하기 능력(학생이 주저하거나 단어를 찾아보는가? 학생이 대화를 주도한 적이 있는가?)
3. 학문적 외국어 능력(특히 학문적 어휘를 얼마나 잘 사용하는가?)
4. 학생의 말을 쉽게 이해할 수 있는가?
5. 학생은 문법과 문장 패턴을 얼마나 잘 사용하는가?

제2언어 발달은 단계적으로 이루어진다. 즉, 학생이 일부 단어를 이해할 수 있지만 말하기는 어려워하는 침묵과 수용 단계에서부터 초기 언어 생산과 언어 출현을 통해 중급 및 고급 숙련에 이르기까지 단계적으로 일어난다(Hill & Flynn, 2006; Reed & Railsback, 2003). 이 단계에서 학생의 발달이 어느 수준에 있는지를 이해하면 교사가 적절한 피드백을 제공하는 데 도움이 될 것이다.

또한 외국어 학습자에게 적용 중인 교육 프로그램과 피드백을 조정하는 것도 중요하다. 즉, 프로그램에 포함된 모국어 사용량, 모국어 사용 목적(외국어로의 전환 또는 외국어뿐만 아니라 모국어의 추가 발전을 위한 것), 프로그램에 허용되는 시간, 외국어를 가르치는 데 사용되는 교수법 등이 피드백을 제공하는 방법에 영향을 미친다.

〈표 8-2〉에서는 외국어 학습자에게 좋은 피드백을 주는 핵심적인 방법을 제안하고 있다. 이 제안은 일반 교사들이 쉽게 이용할 수 있는 자료(Dalton, 1998; Hill & Flynn, 2006; Mo, 2007; Reed & Railsback, 2003)이며, 2장에서 언급된 피드백 전략과 내용 선택에 따라 구성되어 있다. ELL 학생을 위한 피드백은 대화식이어야 한다는 것이 핵심이다. 이 접근법은 학생의 언어발달에 도움을 주고 이해도를 확인할 수 있게 해 준다. 또한 이 제안 중 많은 부분은 학습에 어려움이 있는 학습자에게도 도움이 될 것이다.

**〈표 8-2〉 외국어 학습자를 위한 피드백 선택**

| 미시적 관점 | 피드백 전략 |
|---|---|
| 타이밍과 양 | • 학습 수행에 대해 학생과 자주 이야기하라.<br>• 학생과 상호작용을 위한 충분한 대화시간을 가져라. |
| 제공형태 | • 구두: 학습수행에 대해 학생과 대화를 나누어라.<br>• 시각적 언어: 가능하면 비언어적 표현(그림, 도표, 몸짓)을 사용하라.<br>• 시연, 모델링: 학생에 대한 '수정'이 아닌 올바른 외국어를 모델링하여 학생의 외국어 사용 또는 발음 오류에 대한 피드백을 제공하고 모든 내용 영역에 대한 피드백을 수행하라. |
| 대상 | • 개별 학생에게 피드백을 제공하라(집단 피드백과 반대).<br>• 대기시간이나 눈맞춤의 시간 또는 주고받기(말의 순서 교대)에 대한 기대와 같은 것을 고려하여 말하기 스타일에 대한 학생의 선호도를 존중하라(교사와 맞지 않을 수 있음). 예를 들어, 어떤 학생들은 질문을 '다그침' 혹은 비판으로 인식할 수 있다. 대화를 나누어라(말하기뿐 아니라 듣기도 포함). |

| 미시적 관점 | 피드백 내용 |
|---|---|
| 초점 | • 다른 학생과 협력하여 만들어 낸 산출물을 의미하는 '공동 생산 활동'에 초점을 두어라(Dalton, 1998): 이는 구체적인 논의거리가 있을 것이다.<br>• 결과물과 결과물을 창출한 활동에 집중하라. |
| 참조준거 | • 준거참조(학생의 수행을 준거와 비교)<br>• 자기참조(개선 사항과 함께) |
| 기능과 유인가 | • 설명적 |
| 명확성 | • 가능한 경우 피드백을 위해 학생의 모국어와 영어를 함께 사용하라.<br>• 반복하라.<br>• 천천히 말하라.<br>• 간단한 어휘를 사용하고 중요한 용어를 설명하라.<br>• 일상을 활용하라. |

| | |
|---|---|
| 구체성 | • 학생이 이미 가지고 있는 지식과 기술에 피드백을 연결하라.<br>• 피드백을 실제 생활(가정, 커뮤니티) 상황에 연결하라.<br>• 학생에게 자신의 추론을 설명하게 하라. |
| 어조 | • 호응하고 지지하라.<br>• 학생의 말에 귀 기울여라. |
| 스냅샷 관점<br>피드백 일화를 통한 학습 | |
| 학생 학습 | • 학생에게 피드백을 다른 말로 바꾸어 표현하게 하라.<br>• 학생에게 피드백의 우선순위를 정하도록 요청하라: 가장 중요한 것은 무엇입니까? |
| 교사 학습 | • 학생이 표현할 수 있는 것과 이해하는 것을 구별하라. 예를 들어, 언어 문제를 개념 이해와 분리시켜라. |
| 장기적 관점<br>피드백 활용 | |
| 학습을 지속할 기회 | • 학생과의 피드백 대화와 관련된 수업 조정으로 피드백 일화에 즉시 반응하라. |

피드백의 전략과 내용을 선택할 때는 모든 경우에 적합한 피드백은 없기 때문에 항상 맥락을 고려해야 하며 몇 가지 맥락적인 요소는 이미 언급하였다. 마찬가지로 제2외국어 습득에 있어 학생의 발달 수준은 중요하며, 학생의 특정 언어와 문화적 배경이 차이를 만들 수 있기 때문에 ELL 프로그램에서도 학생의 맥락을 고려해야 한다.

과목 또한 차이를 만든다. 일부 과목의 개념과 능력은 다른 것들보다 시각적 표현에 더 적합하다. 〈표 8-3〉은 7장에서 설명된 조합 문제에 대한 학생의 답안을 보여 주는 예로서, 단어를 전혀 사용하지 않고도 학생의 이해도를 확인할 수 있다.

이 문제와 관련해서 "이 9가지 조합 말고 다른 선택을 할 수 있을까? 그 이유는?"과 같은 두 번째 질문을 했으나 이 학생은 대답하지 못했다. 학생이 그린 그림을 이용하여 먼저 좋은 해결책에 대해 확인하는 피드백을 주고 나서, 두 번째 질문에 어떻게 대답할

〈표 8-3〉 4학년 수학 문제(비언어적으로 답하는 문항)

한 가게에서는 바닐라, 초콜릿, 딸기 등 3가지 맛의 아이스크림을 판매한다.
이 아이스크림은 접시, 설탕콘 또는 일반콘에 담아준다.
9명이 접시나 설탕콘 혹은 일반콘에 아이스크림을 한 숟가락씩 담는데, 그들의 선택은 모두 다르다. 이때 9가지의 조합이 무엇인지를 나타내 보라.

출처: National Assessment of Educational Progress, sample items. Available:http://nces.ed.gov/nationsreportcard/itmrls/

것인가에 초점을 맞출 수 있다. 아이스크림의 세 가지 맛과 담는 용기의 조합이 포함된 그림을 통해 학생이 정답을 완전히 이해했다는 것을 알 수 있고, 두 번째 질문을 이해하고 답을 표현하기 위해 도움을 받을 필요가 있다는 것을 암시한다. 다른 모든 피드백과 마찬가지로 학생은 그 피드백을 즉시 사용할 수 있는 기회를 가져야 한다.

## 4. 의욕이 없는 학습자

학습에 어려움이 있는 일부 학습자는 의욕이 없는 학습자일 가능성도 있다. 자신을 실패자로 인식하는 학생은 어떤 종류의 피드백을 주더라도 자신을 '바보'라고 생각하는 데 익숙하다. 좋은 의도로 주는 피드백일지라도 피드백에 포함된 정보를 실제로 듣거나 사용하지 않는 경우가 많다. 이러한 학생에게는 먼저 부정적인 감정을 일으키지 않게 피드백을 주어야 하고, 충분한 정보를 제공함으로써 피드백을 이해하고 사용할 수 있는 자신감을 갖도록 해야 한다.

의욕이 없는 학습자를 위해서는 특히 피드백 어조에 주의해야 한다. 학생이 학습목표와 거리가 있는 결과를 제시할 때 교사는 보통 이렇게 말할 것이다. “여기도 틀렸고, 저기도 틀렸어. 이 내용은 부족하고 저 내용이 더 좋을 것 같아.”라고 설명하는 식이다. 많은 교사가 우수한 학습자와는 매우 다르게 학습에 어려움이 있는 학습자에게는 이러한 방식으로 말한다(Allington, 2002).

물론 이런 종류의 의사소통은 ‘자기 충족 예언’[4]이 된다. 우수한 학습자는 그로 인해 지원을 받고 향상된다. 반면, 학습에 어려움이 있는 학습자는 교사의 전체적인 판단 메시지 때문에 메시지에 포함된 핵심 정보를 받아들이지 못한다(“나의 활동은 또 잘못되었어.”). 그 문제는 교사가 말할 필요가 있는 것이 아니라 학생이 들어야 하는 것이다. 만약 교사의 피드백이 찰리 브라운 만화영화에 나오는 것처럼 화면 밖에서 “와—와—와—” 하고 내는 소리처럼 들린다면 그것은 피드백이 아니라 소음이다.

학생에게 과제나 수행의 우수성에 대해 거짓말을 하는 것도 좋은 피드백은 아니다. 학생이 잘하지 못했을 때도 잘했다고 말하는 것이 친절하다고 생각한 3장의 교육실습생 이야기를 다시 떠올려 보자. 학생의 활동에서 좋은 점을 찾지 못한다면 어떻게 해야 하는가? 학습에 어려움이 있는 학습자를 위한 전략(〈표 8-1〉 참조)은 이 난제를 해결할 수 있는 방법을 제시한다. 과정에 초점을 두어 피드백을 주고, 자기참조 피드백을 사용해 보자. 한두 가지 중요한 점에 대해 의견을 주고 개선을 위한 작은 단계를 제안해 보자. 또한 간단한 어휘를 사용하고, 내용과 관련된 용어를 이해하고 있는지 확인하는 것이 좋다. 마지막으로 피드백 자체에 대한 이해도도 확인해야 한다.

자기참조 피드백은 학생의 과거 수행 수준 또는 과거의 수행 수준에 근거한 교사의 기대치와 현재 수행 수준을 비교한다. 만약 교사가 학생의 수행이 이전에 비해 얼마나 더 향상되었는지 설명할 수 있다면 긍정적이고 진실된 내용을 말할 수 있다. 이런 종류의 의견은 학생이 실제로 행한 학습에 대한 정보를 제공할 수 있으므로 피드백의 기능

---

4) [역자 주] self-fulfilling prophecy: 자기가 예언하고 바라는 것이 실제 현실에서 충족되는 방향으로 이루어지는 현상 [출처: 한국교육심리학회 편(2000). **교육심리학 용어사전**. 서울: 학지사.]

에 있어 중요한 부분으로 볼 수 있다. 앞서 논의한 관점에서, 피드백은 학습의 주체는 학생이고 교사가 학생의 학습에 주목했다는 사실을 전달한다.

나는 작은 도시의 3학년 교실에서 일할 기회가 있었다. 해당 담임교사는 경험이 풍부했고, 수업도 잘 조직화되어 있었다. 교실은 온통 배움에 관한 분위기였고, 재미도 있었다. 교사는 학생들을 깊이 배려했고, 학생들도 그것을 알고 있었다. 나는 그들 중 다수를 인터뷰했기 때문에 이것에 대해 확신할 수 있었다. 그 교사의 교실은 훌륭한 공간이었다.

그 반에는 학습에 어려움이 있는 학생이 한 명 있었다. 다른 학생보다 더 천천히 책을 읽었고 숙제를 하는 데 많은 어려움을 겪었으며 늘 마지막으로 숙제를 끝냈다. 그리고 학습내용을 이해하고 있는 다른 학생에 비해 그 학생은 자주 당황스러워 하는 것 같았다. 모든 학생이 필기체로 글을 쓰는 동안 활자체로 크게 글자를 썼다. 또한 글쓰기 과제에 참여하는 학생들 중 가장 짧은 글을 제출하기는 하였으나 대부분 교사의 요구에 잘 따랐다. 그러나 시간이 지날수록 가장 느리다는 것에 힘들어했다. 가끔 화가 나서 의자나 책상을 쾅 치기도 했고 더 자주 비참해 보였다.

하지만 한 가지 숙제는 달랐다. 수업은 개에 대한 이야기를 읽는 것이고, 주제는 개가 순종적이라는 것이었다. 교사는 학생들에게 '순종'의 의미를 설명하고 이러한 제목으로 글을 쓰게 했다. 숙제의 목적은 학생들이 이야기의 주제를 탐구하여 그것을 자신의 삶과 연결시키고, 글쓰기 실력을 향상시키는 것이었다. 이번에는 그 학습에 어려움이 있는 학생이 할 말이 있었다. 평소보다 더 나은 두 페이지 분량의 글을 썼으며, 다른 학생들에게 순종의 중요성을 설명했다. 또한 교사가 시키는 대로 하는 것이 얼마나 중요한지에 대해 썼다. 글의 내용에는 가정교육이 반영된 것 같았다. 글에서 부모에게 한두 번 반항한 흔적은 보였지만 어조는 따뜻하고 감동적이었다.

나는 교사가 그 부분에서 긍정적인 피드백을 줄 기회를 놓쳤다고 항상 생각했다. 이 학생은 이전보다 높은 점수를 받았지만 교사가 추가적인 의견을 주지 않았다는 것을 알 수 있다. 현재의 상대적으로 우수한 숙제와 이전 숙제의 수준을 비교하면서 자기참조 피드백을 할 수 있는 참 좋은 기회가 되었을 것이다. 그 학생의 문장은 더 길고 상세

**〈표 8-4〉 '점심시간'에 대한 글쓰기(좋지 않은 예시)**

쓰기 문제: 학교 점심시간이 어떤지 설명해 봅시다. 학교에서 점심식사를 한 적이 없는 사람이 학교의 점심식사 장소와 시간이 어떤지 이해할 수 있도록 그에 대해 설명해 봅시다.

우리는 점심을 오후 1시에 여기서 먹습니다 생각할 수 없을 정도로 시그럽습니다. 우리는 체육관에서 점심을 먹습니다.

출처: National Assessment of Educational Progress, sample items. Available: http://nces.ed.gov/nationsreportcard/itmrls/

했으며 흐름이 좋았다. 글의 특징을 파악하고 이름을 짓고, 어떻게 글을 썼는지에 대해 학생과 이야기를 나누는 것은 학생의 이후 글쓰기에 도움을 줄 수 있다. 또한 이와 같은 대화는 학생이 잘해냈고 앞으로도 잘할 수 있다는 확신을 줄 수 있었을지도 모른다. 그 학생은 학습에 있어 실패자라고 생각하는 데 익숙했으며, 반응으로 보아 이번 숙제의 수준이 다르다는 것을 이해하지 못한 것 같았다.

〈표 8-4〉는 '점심시간'에 관한 글쓰기 과제인데, 이는 잘못 수행된 예시이다. 이 학생은 2장의 학생과 같은 쓰기 과제에 응답했지만 글을 잘 쓰지 못했다. 그 과정을 살펴보자. 학생은 무엇을 했는가? 그 학생이 한 일은 질문에 대답하는 것이었다. 부족한 글이었지만 그 글은 '점심시간'을 묘사하고 있었고, 세 문장이지만 마침표가 두 개 찍혀 있었다.

물론 적절한 자기참조는 특정 학생의 이전 활동에 달려 있다. 교사가 학생의 글쓰기 능력을 향상시키기 위해 글을 좀 더 길게 쓰게 하거나, 문장의 개념을 쓰도록 제안할 수 있다. 다음의 대화는 교사가 〈표 8-4〉의 글 '점심시간'에 대해 교사가 학생과 어떻게 대화할 수 있는지를 보여 주는 예이다. 이 글은 좋은 글쓰기 예시는 아니며, 평소에 이 학생은 이보다는 더 좋은 글을 썼던 것으로 가정해 보자. 또한 교사의 평가 기준은 문장의 개념을 이해하는 것이고, 맞춤법을 지적하는 데 있지 않음을 알아야 한다.

교사: 글을 읽어보니 점심시간을 정말 싫어하는 것 같구나. [이 의견은 그 글에 대한 선생님의 솔직한 의견, 즉 '독자로서의 반응'이다. 학생이 하고자 하는 말을 교사가 듣고 있다는 것을 보여 준다.]

학생: 네.

교사: 그래서 이 글이 평소에 쓰던 글보다 좋지 않은 것이니? [이것은 자기참조 피드백이다. 교사는 지금 쓴 글은 우수하지 않지만 학생이 더 잘했었다는 사실을 알려준다.]

학생: 네. 저는 점심시간이 싫어요. 점심시간에 대해 글을 쓰고 싶지 않아요.

교사: 소음이 가장 골칫거리니? [이제 교사는 학생에게 생각을 확장하도록 요청할 것이다. 소음이 가장 핵심적인 표현인 것 같으므로 그 부분에서 세부사항을 찾아내기 시작하는 것이 논리적이다.]

학생: 네.

교사: 소음이 어떤지 얘기해 줄래? [학생이 자신의 주제에 대해 생각하도록 안내한다.]

학생: 선생님은 상상할 수 없어요. 아이들은 항상 시끄럽고 선생님들도 소리를 질러요.

교사: 왜 그렇지? [학생이 추가해야 할 세부사항을 확인하도록 사고 과정을 모형화한다.]

학생: 모르겠어요. 한 아이가 소리 지르면 이야기를 나누려고 또 소리를 질러야 해요.

교사: 그러면 체육관도 그렇다고 생각하니?

학생: 네. 체육관은 큰 장소라 아이들이 많아요. 그리고 모든 것이 쩌렁쩌렁 울려요.

교사: 점심시간이 얼마나 시끄러운지에 대해서 전에 쓴 글보다 더 많은 이야기를 해줬어. 이런 내용을 추가해서 글을 다시 써 볼래? [이 의견은 학생이 세부사항을 인식하는 과정에 대한 것이며, 개선을 위한 다음 단계를 제공한다.]

학생이 수정한 글이 첫 번째 쓴 글보다 훨씬 더 낫다면 피드백은 이를 반영해야 한다. 예를 들어, 아이들과 교사들이 내는 소음과 메아리치는 소리가 새로운 글에 들어있다면 교사는 긍정적인 발전이 있었음을 확인할 수 있다. 하지만 학생 스스로 이 작은 단계를 보다 일반적인 원칙으로 옮기지 않을 수도 있다. 따라서 교사는 두 번째 피드백을 줄 때 다른 글쓰기에서 활용할 수 있는 과정을 사용했다고 알려줄 수 있다. 교사는 그 과정을 설명할 수 있고, "먼저 요점이 무엇인지 생각해 보고, 그렇게 생각하게 만든 것이 무엇인지 마음속으로 깊이 생각해 보렴. 이번에는 소음에 대해서 썼지만 글을 썼던 과정은 다른 내용을 쓰는 데도 효과가 있단다. 그 방법을 다시 사용할 수 있어."와 같이 학생에게 글을 쓴 과정을 떠올려 보도록 할 수도 있다.

## 5. 요약

이 장에서는 다양한 학습자에게 주는 피드백을 어떻게 조정할 것인지에 대하여 살펴보았다. 먼저 우수한 학습자는 다른 학생들만큼 피드백이 필요하지 않아 보이지만 이들도 역시 피드백으로부터 도움을 받는다. 또한 학습에 어려움이 있는 학습자는 '자기 참조적 피드백을 사용하기' '작고 실행 가능한 다음 단계를 제안하기' '학습을 못하는 사람이 아니라 학습할 수 있는 사람으로 인식하게 하는 어조 사용하기'와 같은 피드백 조정을 통해 도움을 받을 수 있다. 요약하자면, 이와 같이 학습자 유형별로 피드백을 조정한다는 것은 개별화 교육의 한 부분이며 수업과 피드백은 잘 조화되어야 함을 의미한다.

# 결언

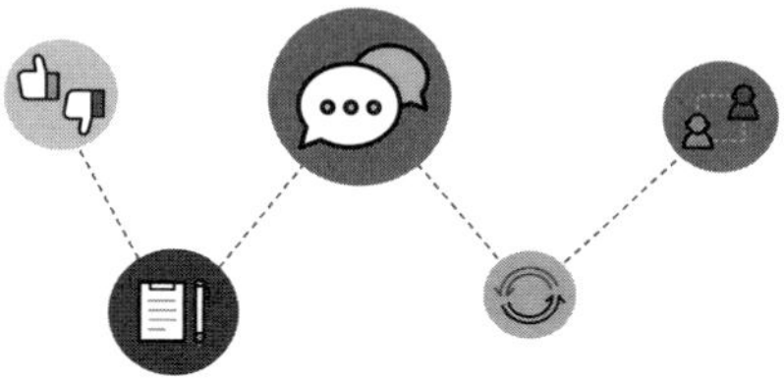

효과적인 피드백을 주기 위해서는 연습이 필요하다. 먼저, 관련 연구를 토대로 우리는 학생의 학습 개선에 도움을 줄 수 있는 정보가 무엇인지, 이를 활용하고자 하는 학생의 동기를 높일 수 있는 피드백 전략과 내용은 무엇인지에 대하여 고찰하였다. 교사는 이러한 피드백 전략과 내용을 잘 따르고 있는지 고려할 필요가 있다. 다음으로 우리는 형성평가와 관련된 연구들을 살펴봄으로써, 피드백이 학생과 교사 모두에게 학습의 일화가 되어야 함을 확인하였다. 마지막으로 피드백의 효과를 높이기 위해서는 학생이 피드백을 활용해야 한다는 점을 강조하였다. 많은 학생이 스스로 피드백을 활용하려 하지 않기 때문에, 수업에서 피드백을 사용할 기회를 제공해 주어야 한다. 앞에서 제시한 세 가지 내용은 교사가 피드백을 제공할 때 반드시 고려해야 할 내용이다. 이 책에서 말하는 피드백의 세 가지 관점 혹은 렌즈(현미경, 카메라 및 망원경)는 교사가 이러한 내용에 주의를 기울일 수 있도록 도움을 줄 것이다.

한편 이러한 지식을 자신의 수업에 기술적으로, 그리고 효과적으로 적용하기 위해서는 연습이 필요하다. 이 책에 제시된 예는 학습 상황의 전형적인 과제나 교과에 대해 이해하기 쉽게 구성하였다. 따라서 다양한 교과나 과제와 관련된 내용이 모두 포함되지는 못했고, 또한 학생 간에는 개인차가 존재한다는 점이 추가적으로 고려되어야 한다. 이 책을 읽는 교사(독자)는 "어떻게 이러한 원리와 예시를 내 수업에 적용할 수 있을까?" 하는 것을 고민해야 할 것이다.

또한 피드백은 언제나 학습목표, 평가기준, 과제, 학습자 특성뿐 아니라 해당 내용이나 학습방법에 대한 교사의 이해도 수준에 따라 조정된다.

이 책에서는 피드백을 적절하게 조정하기 위한 다양한 원리를 제공하였고, 이들은 연구를 토대로 산출된 것들이다. 책 전체에서 언급한 내용과 같이 좋은 피드백은 다음의 특성을 갖는다.

- 피드백 제공 타이밍, 양, 제공형태 및 학습자 특성을 고려한 피드백
- 과제와 과정에 대한 피드백
- 준거참조적 피드백, 자기참조적 피드백
- 설명적이고, 긍정적이며 개선을 위한 제안이 담긴 피드백
- 명료하고 구체적인 피드백
- 학습의 주체로서 자신을 인식하고, 자기주도적인 학습자가 되는 데 필요한 피드백
- 궁극적으로 교사와 학생 모두에게 배움이 일어날 수 있는 피드백
- 학생들을 공부하게 하고, 보다 동기화시킬 수 있는 피드백
- 피드백의 가치가 인정되는 교실에서의 피드백

이 책에서 다룬 제안을 적용해 보기 위해, 우선 하나의 과제나 수업 또는 특정한 활동을 선정해 볼 것을 제안한다. 그런 다음 학생의 반응을 관찰하고, 교사가 학생에게 무엇을 어떻게 했는지, 그리고 학생은 이에 대해서 어떻게 반응했는지 등을 성찰해 본다. 이와 같은 교사의 관찰과 성찰은 좀 더 나은 피드백을 제공하는 데 도움을 줄 것이다.

만약 피드백에 대해 더 많은 정보를 얻고 싶다면, ASCD에서 출판한 『Formative Assessment Strategies for Every Classroom』(2nd ed., Brookhart, 2010)를 참고할 수 있

다. 이는 교사와 학생이 현재 진행 중인 학습에 대해 서로 피드백을 주고받는 활동이 포함되어 있다. 각각의 활동에는 지시사항, 학생의 논평에서 무엇을 찾아야 하는지에 대한 설명, 그리고 실제 피드백 사례가 제시되어 있다.

전문 서적을 추가로 읽고 싶은 교사를 위해, 몇 권을 더 추천하고자 한다. Fisher와 Frey의 『Checking for Understanding』(2007)은 학습목표에 도달하기 위해 필요한 개념이나 기술을 학생이 얼마나 이해하고 있는지를 확인하고자 할 때 교사가 사용할 수 있는 전략을 소개하고 있다. 이 책에서 학생의 이해를 확인하는 것은 형성적 평가 주기의 중요한 부분이며, 피드백을 어떻게 처리하는지를 확인하는 데 필수적이다.

Johnston의 『Choice Words: How Our Language Affects Children's Learning』(2004)는 교사가 학생에게 주는 언어적(서면적 및 구두적) 피드백을 어떻게 표현해야 하는지에 대해 다양한 방법을 제공한다. 이 책에서 제시한 바와 같이 피드백의 내용이 중요하다. 교사가 학생에게 어떻게 이야기하느냐에 따라 학생이 이해하는 방식은 달라지게 된다(Dweck, 2007).

형성평가와 피드백에 대한 보다 요약적인 내용을 원하는 독자들을 위해, Stiggins의 『Assessment Through the Student's Eyes』(2007), Dweck의 『The Perils and Promises of Praise』(2007), 저자의 『Preventing Feedback Fizzle』(2012) 또는 『Educational Leadership』의 2007년 12월/2008년 1월 특별호 또는 2012년 9월호의 논문 중 하나를 추천한다. 피드백에 관한 학문적인 문헌을 선호하는 독자들에게 Hattie와 Timperley의 『Power of Feedback』(2007)을 추천한다. 이 논문은 피드백에 관한 연구들을 이해하기 쉽게 요약한 것이다.

추가적으로 피드백에 대한 내용을 참고할 수 있는 국내 관련 저서들은 다음과 같다. 먼저 『형성평가 101가지 기법』(김진규, 2013)에서는 구체적인 피드백 기법을 소개하고 있고, 『교실평가의 원리와 실제: 기준참조수업과의 연계』(손원숙 외, 2015)에서는 형성평가 과정의 한 단계로서 피드백을 소개하며, 피드백의 개념 및 유형에 대한 내용을 제시하였다. 한편, 『교수 · 학습과 하나되는 형성평가』(김성숙 외, 2015) 및 『과정중심평가

란 무엇인가: 학생의 배움과 성장의 과정에 대한 평가와 피드백』(강대일, 정창규, 2018)에서는 피드백의 개념 및 유형, 관련 모형, 성공적인 피드백에 대한 내용을 다루었다.

## 참고문헌


강대일, 정창규(2018). **과정중심평가란 무엇인가: 학생의 배움과 성장의 과정에 대한 평가와 피드백**. 서울: 에듀니티.

김성숙, 김희경, 서민희, 성태제(2015). **교수 · 학습과 하나되는 형성평가**. 서울: 학지사.

김진규(2013). **형성평가 101가지 기법**. 경기: 교육과학사.

손원숙, 박정, 강성우, 박찬호, 김경희(2015). **교실평가의 원리와 실제: 기준참조수업과의 연계(6판)**. 경기: 교육과학사.

# 참고문헌


Allal, L. (2011). Pedagogy, didactics and the co-regulation of learning: A perspective from the French-language world of educational research. *Research Papers in Education, 26*(3), 329-336.

Allington, R. L. (2002). What I've learned about effective reading instruction from a decade of studying exemplary elementary classroom teachers. *Phi Delta Kappan, 83*(10), 740-747.

Andrade, H., &Brookhart, S. M. (2016). The role of classroom assessment in supporting self-regulated learning. In *Assessment for learning: Meeting the challenge of implementation* (pp. 293-309). Springer, Cham.

Andrade, H. L., & Brown, G. T. L., (2016). Student self-assessment in the classroom. In G. T. L. Brown and L. Harris, (Eds.). *Handbook of human and Social Conditions in Assessment*. London: Routledge.

Andrade, H., & Valtcheva, A. (2009). Promoting learning and achievement through self-assessment. *Theory into Practice, 48*(1), 12-19.

Arter, J., & McTighe, J. (2001). *Scoring rubrics in the classroom*. Thousand Oaks, CA: Corwin Press.

Bangert-Drowns, R. L., Kulik, C. C., Kulik, J. A., & Morgan, M. (1991). The instructional effect of feedback in test-like events. *Review of Educational Research, 61*(2), 213-238.

Brookhart, S. M. (2001). Successful students' formative and summative use of assessment information. *Assessment in education, 8*(2), 153-169.

Brookhart, S. M. (2010). *Formative assessment strategies for every classroom* (2nd ed.).

Alexandria, VA: ASCD.

Brookhart, S. M. (2013). *How to create and use rubrics for formative assessment and grading*. Alexandria, VA: ASCD.

Brown, G. T. L., & Harris, L. R. (2017). Student self-assessment. In. J. H. McMillan (Ed.), *Sage handbook of research on classroom assessment* (pp. 367-393). Los Angles: Sage.

Butler, D. L., Schnellert, L., & Perry, N. E. (2017). *Developing self-regulating learners*. Don Mills, ON: Person.

Butler, D. L., & Winne, P. H. (1995). Feedback and self-regulated learning: A theoretical synthesis. *Review of Educational Research, 65*(3), 245-281.

Butler, R., & Nisan, M. (1986). Effect of no feedback, task-related comments, and grades on intrinsic motivation and performance. *Journal of Educational Psychology, 78*(3), 210-216.

Dalton, S. S. (1998). *Pedagogy matters: Standards for effective teaching practice*. Research Report No.4, Center for Research on Education, Diversity, and Excellence, University of California, Santa Cruz. Available: http://www.cal.org/crede/pubs/research/RR4.pdf

Dweck, C. S. (2007). The perils and promises of praise. *Educational Leadership, 65*(2), 34-39.

Fisher, D., & Frey, N. (2007). *Checking for understanding*. Alexandria, VA: ASCD.

Gamlem, S. M., & Smith, K. (2013). Student perceptions of classroom feedback. *Assessment in Education, 20*(2), 150-169.

Hattie, J. A. C. (2009). *Visible learning: A synthesis of over 800 meta-analyses relating to achievement*. London: Routledge.

Hattie, J., & Timperley, H. (2007). The power of feedback. *Review of Educational Research, 77*(1), 81-112.

Heritage, M., Kim, J., Vendlinski, T., & Herman, J. (2009). From evidence to action: A seamless process in formative assessment? *Educational Measurement: Issues and Practice, 28*(3), 24-31.

Hill, J. D., & Flynn, K. M. (2006). *Classroom instruction that works with English language learner*. Alexandria, VA: ASCD.

Johnston, P. H. (2004). *Choice words: How our language affects children's learning*. Portland, ME: Stenhouse.

Kluger, A. N., & DeNisi, A. (1996). The effects of feedback interventions on performance: A historical review, a meta-analysis, and a preliminary feedback intervention theory.

*Psychological Bulletin, 119*(2), 254-284.

Kroog, H. I., Ruiz-Primo, M. A., & Sands, D. (2014). *Understanding the interplay between the cultural context of classrooms and formative assessment*. Paper presented at the annual meeting of the American Educational Research Association, Philadelphia.

Lazarus, S., & Brookhart, S. M. (2016). *Formative assessment for students with disabilities*. Washington, DC: Council of Chief State School Officers.

Mason, B. J., & Bruning, R. (2001). *Providing feedback in computer-based instruction: What the research tell us*. University of Nebraska-Lincoln. Available: http://dwb.unl.edu/Edit/MB/MasonBruning.html

Minstrell, J., Anderson, R., & Li, M. (2009). *Assessing teacher competency in formative assessment*. Annual Report to the National Science Foundation.

Mo, W. (2007). "Can you listen faster?" Assessment of students who are culturally and linguistically diverse learners. In P. Jones, J. F. Carr, & R. L. Ataya (Eds.), *A pig don't get fatter the more you weight it: Classroom assessments that work* (pp. 39-50). New York: Teachers Collage Press.

Moss, C. M., & Brookhart, S. M. (2009). *Advancing formative assessment in every classroom: A guide for instructional leaders*. Alexandria, VA: ASCD.

Moss, C. M., & Brookhart, S. M. (2012). *Learning targets: Helping students aim for understanding in today's lesson*. Alexandria, VA: ASCD.

Moss, C. M., & Brookhart, S. M. (2015). *Formative classroom walkthroughs: How principals and teachers collaborate to raise student achievement*. Alexandria, VA: ASCD.

Nicol, D. J., & Macfarlane-Dick, D. (2006). Formative assessment and self-regulated learning: A model and seven principles of good feedback practice. *Studies in Higher Education, 31*(2), 199-218.

Page, E. B. (1958). Teacher comments and student performance: A seventy-four classroom experiment in school motivation. *Journal of Educational Psychology, 49*(4), 173-181.

Panadero, E. (2016). Social, interpersonal, and human effects of peer assessment: A review and future directions. In G. T. L. Brown and L. Harris, (Eds.). *Handbook of Human and Social Conditions in Assessment*. London: Routledge.

Pintrich, P., & Zusho, A. (2002). The development of academic self-regulation: The role of cognitive and motivational factors. In J. Eccles, & A. Wigfield (Eds.), *Development of achievement motivation* (pp. 249-284). San Diego, CA: Academic Press.

Reed, B., & Railsback, J. (2003, May). *Strategies and resources mainstream teachers of English language learners*. Portland, OR: Northwest Regional Educational Laboratory.

Ross, J. A. (2006). The reliability, validity, and utility of self-assessment. *Practical Assessment Research and Education, 11*(10). Retrieved from http://pareonline.net/getvn.asp?v=11&n=10

Sadler, D. R. (1989). Formative assessment and the design of Instructional systems. *Instructional Science, 18*(2), 119-144.

Sadler, P. M., & Good, E. (2006). The impact of self-and peer-granding on student learning. *Educational Assessment, 11*(1), 1-31.

Shute, V. J. (2008). Focus on formative feedback. *Review of Educational Research, 78*(1), 153-189.

Stewart, L. G., & White, M. A. (1976). Teacher comments, letter grades, and student performance: What do we really know? *Journal of Educational Psychology, 68*(4), 488-500.

Stiggins, R. J. (2007). Assessment through the student's eyes. *Educational Leadership. 64*(8), 22-26.

Thorndike, E. L. (1913). *Educational psychology. Volume I: The original nature of man*. New York: Columbia University, Teachers College.

Topping, K. J. (2013). Peers as a source of formative and summative assessment. In. J. H. Mcmillan (Ed.). *Sage handbook of research on classroom assessment* (pp. 395-412). Los Angeles: Sage.

Tunstall, P., & Gipps, C. (1996). Teacher feedback to young children in formative assessment: A typology. *British Educational Research Journal, 22*(4), 389-404.

van der Kleji, F. M., Feskens, R. C. W., & Eggen T. J. H. M. (2015). Effects of feedback in a computer-based learning environment on student outcomes: A meta-analysis. *Review of Educational Research, 85*(4), 475-511.

Wiliam, D. (2011). *Embedded formative assessment*. Bloomington, IN: Solution Tree.

Zimmerman, B., & Schunk, D. (Eds.). (2011). *Handbook of self-regulation of learning and performances*. New York: Routledge.

# 찾아보기

## 인명

## 내용

# 저자 소개

**Susan M. Brookhart**는 미국 몬태나주 헬레나에서 교육 컨설턴트 겸 저자로 활동하고 있다. 그녀는 현재 Duquesne 대학교 사범대학에서 겸임 교원으로 재직하고 있고, 2007년에서 2009년까지 미국의 교육측정학회(National Council on Measurement in Education: NCME)에서 출간하고 있는 학술지(『Educational Measurement: Issues and Practice』)의 편집위원이었으며, 현재 『Applied Measurement in Education』의 부편집위원을 맡고 있다. 그녀는 교실평가, 교사 전문성 개발 그리고 프로그램 평가에 대한 17권의 저서, 70개 이상의 학술지 논문과 북챕터 등을 집필하였고 2014년에 Consortium for Research on Educational Assessment and Teaching Effectiveness(CREATE) 위원회로부터 Jason Millman Scholar로 선정되었다. 또한 2015년에는 ETS/TOEFL로부터 Samuel J. Messick Memory Lecture Award를 수상하였다.

Brookhart 박사의 관심사는 학생의 동기와 성취에 대한 형성 및 총합평가의 역할, 교실 평가와 대규모 평가의 연계 방안, 성적 부여 등에 대한 것이며 학교나 지역 교육 단체 그리고 대학교에서 전문성 개발과 관련 자문 업무를 하고 있다.

연락처는 susanbrookhart@bresnan.net이다.

# 역자 소개


**손원숙**(Sohn, Wonsook)

University of illinois at Urbana-Champaign 교육측정 및 평가(박사)

전 한국교육과정평가원 연구위원

현 경북대학교 사범대학 교육학과 교수

**노현종**(Noh, Hyunjong)

경북대학교 사범대학 교육학과(박사)

현 대구동덕초등학교 교사

경북대학교 사범대학 교육학과 강사

**유신복**(Yu, Shinbok)

경북대학교 사범대학 교육학과(박사)

전 대구가톨릭대학교 교수학습개발센터 교수

현 경북대학교 사범대학 교육학과 강사

**신이나**(Shin, Yina)
경북대학교 사범대학 교육학과(박사)
전 경북대학교, 계명대학교 강사
현 대구대학교 교수학습개발센터 교수

**박상현**(Park, Sanghyun)
경북대학교 사범대학 교육학과(박사)
현 봉황초등학교 교사
경북대학교 사범대학 교육학과,
대구교육대학교 교육대학원 교육심리 및 학습컨설팅 강사

# 현장 교사를 위한 효과적인 피드백 방법

–미래역량교육을 실현하는 현장형 피드백 지침서–

**How to Give Effective Feedback to Your Students (2nd ed.)**

2020년 8월 5일 1판 1쇄 인쇄
2020년 8월 10일 1판 1쇄 발행

지은이 • Susan M. Brookhart
옮긴이 • 손원숙 · 노현종 · 유신복 · 신이나 · 박상현
펴낸이 • 김진환
펴낸곳 • (주)학지사
04031 서울특별시 마포구 양화로 15길 20 마인드월드빌딩
대표전화 • 02-330-5114 팩스 • 02-324-2345
등록번호 • 제313-2006-000265호

홈페이지 • http://www.hakjisa.co.kr
페이스북 • https://www.facebook.com/hakjisa

ISBN 978-89-997-2141-0 93370

정가 15,000원

역자와의 협약으로 인지는 생략합니다.
파본은 구입처에서 교환해 드립니다.





이 도서의 국립중앙도서관 출판시도서목록(CIP)은 서지정보유통지원시스템 홈페이지(http://seoji.nl.go.kr)와 국가자료공동목록시스템(http://www.nl.go.kr/kolisnet)에서 이용하실 수 있습니다.
(CIP 제어번호: CIP2020030334)